Fodor Tamás
MÁTRIXOK
A MENEDZSMENT GYAKORLATBAN

Kiadó: Fodor Tamás János, 1074 Bp. Dohány utca 57.
ISBN: 9798227952448

Tartalomjegyzék

Magamról

1966-ban szereztem diplomát a Budapesti Műszaki Egyetem Villamosmérnöki Karán. A Videoton célműszerfejlesztésén kezdtem dolgozni. Projektmenedzsere voltam a Kairóba szállított TV gyártósor célműszerezésének. A számítástechnikai profil indulása (1971) után, távgépírókat, modemeket, terminálokat fejlesztettem az Adatátviteli Osztály vezetőjeként. 1976-tól az Alkalmazói Software Labort irányítottam, ahol adatrögzítő, szövegszerkesztő, termelésirányítási, ügyviteli szoftverrendszereket fejlesztettek.

1982-től a KFKI, SZKI és Videoton közös vállalata, a Számítástechnikai Kísérleti Üzem Betéti Társulás igazgatójává neveztek ki. Videoton technológiával itt gyártották a két budapesti intézet fejlesztéseit (TPA, R15) és a Videoton speciális rendszereit, mint pl. Ferihegy 2 utastájékoztató rendszerét. 1987-től a Videoton Automatika igazgatója voltam, feladatom az új profil, a robotika és automatizálás bevezetése. Ennek eredménye egy szerelő-, egy hegesztő, egy oktató robot és egy szerszámgép vezérlő kifejlesztése és gyártása volt. Az Ipari Misztérium által elindított Átfogó Minőségvezetési Rendszer (ÁMR) alkalmazása során a cég 1990-ben IIASA-Shiba díjat nyert.

1992-től a Ganz Gépgyár csoportnál, a Ganz-David Brown (GDB) és a Ganz Vagon vezérigazgatója voltam. A GDB vasúti hajtóműveket fejlesztett és gyártott, pl. a debreceni villamos hajtóművét. A cég 1997-ben BNV Díjat kapott a padlóalatti hidrodinamikus vasúti sebességváltó kifejlesztéséért. A GDB 1997-ben Nemzeti Minőség Díjat nyert, 1999-ben pedig az Európai Minőségi Díj versenyen döntős helyezést ért el.

2002-2004-ig a környezetvédelem területén tevékenykedő Körte-Organica igazgatósági tagja és vezérigazgatója voltam. A cég 2003-ban Innovációs Nagydíjat, 2004-ben pedig az Év Vállalata címet nyerte el. 2004-től a Körte Zrt. első számú vezetőjeként dolgoztam.

2008-tól nyugdíjas egyéni vállalkozóként vezetési tanácsadással foglalkozom. Ennek keretében kezdtem írni menedzseri tapasztalatomról és gyakorlatomról. Eddig megjelent két komolyabb könyvem az Egyre jobban[1] és az Üzleti folyamatok fő mutatószámai[2] címet viseli. Ezen kívül több rövidebb írásom[3] van.

Sokszor hívtak különböző, elsősorban vállalat fejlesztéssel, szervezetfejlesztéssel foglalkozó konferenciák előadójának.

További diplomáim: Országos Vezető Képző (1985), Pénzügyi és Számviteli Főiskola (1998).

Kitüntetéseim: A Nemzeti Minőségi Díj Nagykövete, Magyar Minőség Társasági Érem.

Társadalmi aktivitásom: Neumann János Számítógéptudományi Társaság Fejér megyei titkár (1976-1990.), Európai Minőségi Díj auditor (1998-2002), Magyar Minőség Társaság Igazgatóságának tagja (1998-2002), TÜV Rheinland Irányító Bizottság tagja (2002-2015).

Elérhető vagyok a fodortamasjanos@ gmail.com címen. Weboldalam a www.tfodor.hu[4], melyen a könyvhöz tartozó anyagokon, file-okon kívül hasznos, menedzser témájú videók, esettanulmányok, ppt prezentációk és a vezetői munkát megkönnyítő Excel sablonok érhetők el.

---

1. https://www.tfodor.hu/folyamatos-fejlesztes-pdca-kaizen.php
2. https://www.tfodor.hu/uzleti-folyamat-mutato-kpi.php
3. https://www.tfodor.hu/konyv-iras.php
4. http://www.tfodor.hu

Előszó

2023. tavaszán, a Szövetség a Kiválóságért Alapítvány rendezésében egy beszélgetésen vettem részt, amelyen volt évfolyamtársam, Hercz Endre, szintén Kiválóság Nagykövet, kérdezett. Azt is megkérdezte, hogy tervezek-e még írni és kiadni valamilyen szakkönyvet, és ha igen, akkor milyen témakörben. Elmondtam, hogy kaptam bíztatást a Hét menedzsment- és tervezőeszköz c. könyvem nyomtatott kiadására. Ezt tervezem, de előtte szeretném egy kicsit átdolgozni, különösen a mátrixdiagrammokkal foglalkozó részt, mert azt kicsit gyengének érzem.

Ennek a munkának álltam neki a nyár elején. Azzal kezdtem, hogy készítettem egy Google űrlapot a 7 eszköz ismeretének és alkalmazásának feltérképezésére, és elindítottam egy felmérést. Az űrlapok megosztásában nagy segítségemre volt Szabó Kálmán a Szövetség a Kiválóságért ügyvezető igazgatója, Dr. Molnár Pál, az EOQ MNB Egyesület elnöke, Rózsa András, az ISOFÓRUM elnöke, Reizinger Zoltán az Magyar Minőség Társaság ügyvezető igazgatója, valamint Radó István elnök és Dénes Mara az MCE Menedzsment és Kontrolling Egyesülettől. Külön köszönöm a segítségüket!

A következő lépésben a webshopomon feliratkozóknak és egy korábbi felmérésem kitöltőinek küldtem ki a kérést. (A korábbi felmérésem az Egyre jobban c. könyvem melléklete volt és a folyamatmenedzsment magyar vállaltoknál történő alkalmazásáról szólt.)

A mátrixdiagramok fejezeteinek átdolgozása során, az oldalak számának növekedésével azonban egyre jobban úgy éreztem, hogy megérné ezt a részt külön könyvként kiadni. Végül így döntöttem.

Amikor kész volt a könyv, ISBN számot kértem az Országos Széchényi Könyvtártól (OSZK) a Mátrixdiagramok a menedzsment gyakorlatban c. könyvre. Ezután félretettem a könyvem, mert vártam a Hivatkozások alatt [9] számmal megjelölt cikkre, amelynek beszerzésére a Warwicki Egyetem Könyvtárából. Erre unokám, Meszes István vállalkozott, mivel Ö ott szerezte autómérnöki mester diplomáját. Fáradozását ez úton is köszönöm!

A várakozás közben az Interneten találtam egy postot, amely a mátrix kalkulációk üzleti életben történő alkalmazásait mutatta be. Elkezdtem keresni az ilyen alkalmazások után. Rádöbbentem, hogy a mátrix kalkulációk ilyen irányú alkalmazása hiányzik a könyvemből.

Ismét elővettem a könyvet és kiegészítettem. Így azonban a cím már nem volt releváns, ezért változtattam: Mátrixok a menedzsment gyakorlatban. Persze ismét el kellett járnom a OSZK-ban az ISBN számokhoz tartozó cím módosítása érdekében.

A bevezető részekben foglalkozom a mátrixdiagramok történetével és kapcsolatával a TQM és a Lean menedzsmenttel.

A Google felületén elindított felmérés mátrixdiagramra vonatkozó eredményeit azért közzéteszem.

A könyv fő része a mátrixdiagramok és mátrixok elméletével foglalkozik. Külön fejezetben, részletesen tárgyalom az eredeti diagramok továbbfejlesztésével született új diagramokat. Ezután pedig sok-sok gyakorlati példát mutatok be.

A gyakorlati példák egy része a saját szakmai múltamból származnak, legtöbb a Ganz David-Brown Kft. és a Ganz Vagon Kft. működéséből. Van amelyik pontosan tükrözi az akkori munkát, van amelyik kitalált, talán így csináltam volna (pl. a Hoshin Kanri mátrix, amely akkor még nem létezett).

A példák másik része kitalált, de kapcsolódnak az Üzleti folyamatok fő mutatószámai (KPI-k és más mutatók a gyakorlatban) c. könyvemben tárgyalt üzleti folyamatokhoz és mutatószámokhoz. Az érthetőség kedvéért mellékletekben röviden ismertetem az üzleti folyamatokat és a példákban használt mutatószámokat.

A mátrix kalkulációk példái az Internetről származnak. A hivatkozásokat természetesen megadtam.

A bemutatott mátrixok Excellel készültek és megvásárolhatók a Webshopomban[1].

Három kép csak színesben érhető. Ezek a képek alatt található QR kóddal elérhetők!

---

1.   https://www.tfodor.hu/matrix-diagram.html

1. Bevezetés

A mátrixok elvont matematikai fogalmaknak tűnhetnek, azonban számos ágazatban fontos szerepet játszanak, és különösen figyelemre méltó alkalmazásokat takarnak az üzleti életben. A mátrixok alatt a mátrixdiagramokat, a mátrix adatelemzést és mátrix kalkulációkat értem, amelyek lehetővé teszik a többváltozós adatok hatékony kezelését és megjelenítését, ami általános követelmény az üzleti tevékenységekben, a menedzsment gyakorlatban.

A stratégia tervezéstől kezdve, a készletkezelésen, a pénzügyi elemzésen keresztül a piackutatásig a mátrixok megmutatták értéküket az adatalapú döntéshozatal területén. Mivel a vállalkozások egyre inkább támaszkodnak a nagy adatbázisokra és azok összetett elemzésére, a mátrixok szerepe csak növekedni fog.

1.1. A mátrixok eredete

Az interneten kutatva nem sok írás található erről a témáról.

A medium.com szerint japán eredetű: „A mátrixok ezer éve léteznek, és először a japánok használták őket a 10. században. A mátrixokat a 18. század közepéig tömböknek hívták. A tömbök/mátrixok ötletét és alkalmazásait 1545-ben egy Girolamo Cardano nevű olasz matematikus hozta el Európába, aki aztán közzétette az *Ars Magnában*. Munkája sok nagyszerű matematikus ihletője, mint például: Jan de Witt, Gottfried Leibniz és Gabriel Cramer.

John Joseph Sylvester a mátrix szót kezdte használni a tömbök leírására 1850-ben. A mátrix a latin anyaméh szóból származik, az anya jelentésű mater szóból jön létre. Sylvester azért használta ezt a nevet, mert rájött, hogy a mátrixok források lehetnek, és sok más kisebb tömböt vagy determinánst eredményezhetnek, ahogy mi nevezzük őket." [1]

Egy másik cikk szerint eredete Kínába vezet: „A mátrix fogalma az ókorig nyúlik vissza, de először James Joseph Sylvester emlegette mátrixként 1850-ben. Először Kr.e. 300 és Kr.u. 200 között használták őket egy kínai szövegben, a „A matematika művészetének kilenc fejezete" c. műben, amelyet Chiu Chang Suan Shu írt a Han-dinasztia idején és a determinánsok és az egyenletrendszerek mátrixos megoldásának ötletéről szól. A babilóniaiak is tanulmányozták a mátrixokat, de a kínaiak sokkal többet foglalkoztak velük." [2]

Sok tétel született a mátrix matematikára vonatkozóan, amelyek közül a Cayley–Hamilton-tételt (2×2 mátrixra) a Hamilton tételt (4×4 mátrixra) és Gauss–Jordan-eliminációt említem meg.

Elsőként, 1913-ban Cuthbert Edmund Cullis angol matematikus modern zárójeles jelölést használt a mátrixokra.

A 20. század elején a mátrixok központi szerepet kaptak a lineáris algebrában.

Tulajdonképen a tevékenységek, feladatok időbeni tervezéséhez és ellenőrzéséhez használt táblázatok, diagramok L formájú mátrixdiagramok, amelyek megjelenése a XIX. század végéhez köthetők. Az első, egymással összefüggő tevékenységek megjelenítéséhez használható ábrát Karol Adamiecki[1] lengyel mérnök találta ki 1896-ban. Harmonogramnak[2] hívta. Ennek továbbfejlesztett változata a Gannt diagram[3], amely kidolgozójáról (Henry Gantt[4]) kapta a nevét. Egy ilyen diagramon nem csak a tervezett feladatot, hanem az elkészültet is jelölni lehet. Megjelenése 1910-15-re tehető. Ide tartoznak a különböző termelésütemezési és követési táblázatok is, amelyeket már a múlt század elején használtak a termelésben.

---

1. https://en.wikipedia.org/wiki/Karol_Adamiecki

2. https://bit.ly/4fSreDN

3. https://en.wikipedia.org/wiki/Gantt_chart

4. https://en.wikipedia.org/wiki/Gantt

1.2. A TQM és a LEAN menedzsment

Elsősorban a második világháború után, az általános vezetői elméletek mellett, a minőség fogalmának bővülése, fejlődése magával hozta azokat a minőségvezetési elveket és gyakorlatokat (pl. a folyamatos fejlesztés, a vevő centrikusság vagy a munkatársak bevonása, felhatalmazása), amelyekkel ezt biztosították. Ezen belül találkozunk olyan menedzsment eszközökkel, mint a mátrixdiagram.

A második világháború előtt a minőség a termék fizikai jellemzőit foglalta magába. Ez a gyártás alapú minőség szemléletből következett, annak során és végén megmérték, ellenőrizték, hogy a termék megfelel-e a specifikációnak. A minőség-ellenőrzést külön szervezeti egység végezte. Ez Taylor munkásságának eredménye volt. Mai szemmel nézve a minőségért való felelősség nem csak a munkásoké. A háború után egyre jobban előtérbe került a minőség szélesebb értelmezése: az ár, a szállítási határidő, a szolgáltatások, tehát a vevői igények kielégítése. Belátható, hogy ehhez nem elég a gyártás és minőség-ellenőrzés kiváló teljesítménye. Minden vezetőnek és szervezetnek hozzá kell járulnia a hatékony, költségtakarékos folyamatok kialakításával és a belső, illetve külső vevőszemlélettel.

Ennek a követelménynek a megvalósítását segítette a TQM, amelynek középpontjában a folyamatszemlélet áll. Eredete Japánban, a múlt század 50-es éveire és 3 kiemelkedő személyre vezethető vissza.

William Edwards Deming (1900 - 1993) Yale Egyetemen szerzett PhD fokozatot. Pályafutása kezdetén a Mezőgazdasági Minisztériumban dolgozott, mint statisztikus, majd a második világháború alatt statisztikai módszerek használatával a katonai felszerelések minőségével foglalkozott. Az 50-es években Japánban segített az ipar fejlesztésében, statisztikai elemzési és minőségellenőrzési módszereket tanított a japán mérnököknek és vezetőknek. Nevéhez fűződik a folyamatos fejlesztés alapját képező Deming vagy más néven PDCA ciklus. Deming menedzselési elveit a "A hét halálos betegség" és a "14 pont" - ban írta le. [3]

Joseph M. Juran (1904 - 2008) diplomáját a minnesotai egyetemen szerezte és utána a Bell Telephon's Hawthorne Works ellenőrző részlegénél helyezkedett el. Deminghez hasonlóan Japánban segített az ipari szerkezet átalakításában. Három alapvető vezetői folyamatot definiált a minőség fejlesztése érdekében: minőségtervezés, minőség-ellenőrzés, minőség tökéletesítése. Ő fogalmazta meg a minőség költségeivel kapcsolatos "jó", "rossz", "csúf" meghatározásokat. [3]

Philip B. Crosby (1926 - 2001) több helyen dolgozott, amíg a Martin Marietta Corporation Pershing rakétájának lett a minőségi igazgatója. Ő indította útra a "nulla hiba" programot. Deminghez hasonlóan 14 pontban fogalmazta meg minőségre vonatkozó elveit: menedzsment elkötelezettsége, minőségjavító team, mérés, minőség költsége, minőség tudatosítása, javító cselekedetek, nullahiba tervezés, alkalmazottak oktatása, nullahiba nap, célok kitűzése, hibaforrások eltávolítása, elismerés, minőségi tanácsadói testületek létrehozása, kezdjük az egészet elölről szemlélet. Szerinte is a minőség a vevői igények kielégítése. Ennek kielégítésének módszere a megelőzés és nem az ellenőrzés. A minőség mértéke megegyezik a minőség költségével. A tökéletlenségek megelőzésének és kijavításának költsége bőségesen megtérül a vevői kapcsolatokban, a vevői hűség vonatkozásában. A 14 pontban szereplő nullhibát komoly célként kezelte és hitt annak elérésében. Ma már azt mondhatjuk, hogy az 1 ppm alatti hibaaránnyal a legtöbb cég ezt teljesíteni tudja. [3]

A TQM alapelvei a következők:

- figyelem a külső és belső vevőn (vevőszemlélet),
- adatok, mutatószámok, mérhetőség (tényszerűség),
- folyamatos fejlesztés,
- munkatársak bevonása és felhatalmazása.

A 90-es években a TQM alapján nemzetközi szabványokat (ISO 9000 sorozat), minőségi díjakat (pl. Deming Díj, EFQM Díj), amelyek meghatározzák ezeket az elveket és folyamatokat.

A lean menedzsment is egy hosszú fejlődésen keresztül Japánban alakult ki. 1924-ben Sakichi Toyoda megalapította a szövőgépeket gyártó Toyoda Loom Works nevű cégét (később Toyota). Kifejlesztett egy szövőszéket, amely automatikusan leáll, ha egy fonal elszakad. Ennek neve Jidoka (autonomáció), amely lehetővé teszi, hogy a kezelő többé ne legyen közvetlenül egy géphez kötve, és több gépet is felügyelhessen. Ez a lean egyik pillére. A másik a Just in Time (JIT), amelyet az 50-es években fejlesztettek ki. Lényege, hogy a gyártást nem értékesítési előrejelzések alapján tervezik, hanem a konkrét vevői igények határozzák meg a gyártás ütemét. Ez a gyártás minden szakaszában így van, a gyártás egy fázisa, művelete az előtte lévőnek a vevője.

A múlt század 70-es éveiben először Amerikában, a 80-as években pedig Európában is megismerték és alkalmazták a Toyota gyártási rendszert (Toyota Production System).

A karcsúsítás (lean) név a 90-es években vált hivatalossá. Ebben az évben született meg a "lean" kifejezés, és számos alapelvét formalizálták, amelyek szerepelnek James P. Womack, Daniel T. Jones és Daniel Roos, a „The Machine That Changed the World" című művében, valamint ugyanazon szerzők „Lean Thinking" (1996) című művében. [4]

David T. Jones szerint a lean bevezetése és működése öt stratégiai alapelven nyugszik, és ezek a vállalati értékteremtés lényegét reprezentálják [5]:

- Érték (value): a vevőkkel együttműködve meghatározni a vállalat által nyújtott értéket.
- Értékáram (value stream): az értékteremtő tevékenységek optimális sorrendjének meghatározása.
- Áramlás (flow): megszakítás nélkül elvégezni az értékteremtő tevékenységeket.
- Húzó elvű gyártási rendszer: a termelést a vevői igények vezéreljék.
- Mindezeken a folyamatos fejlesztés segítségével javítani kell.

1989-ben Videoton Automatika egyik profilja a sor- és szalagos nyomtatók gyártása volt. Ezeket a perifériákat az amerikai Data Products licence alapján készítettük. Egyik gyáruk Dublinban volt, ahol az ott gyártott mátrixnyomtatók értékesítéséről tárgyaltunk. Természetesen a gyártósort is megmutatták. Egy igazi húzó rendszerű (kanban) rendszert láttunk. A szerelés 11 munkahelyen történt, és ezek közül mindig csak annyi helyet használtak, amennyire a vevői megrendelések kielégítéséhez szükség volt. A szerelés két dobozos rendszerben történt, amely azt jelentette, hogy a szerelő állomáson szükséges alkatrészek két, természetesen több dobozt tartalmazó, guruló állványokon voltak. Mindkét állvány ugyanannyi dobozt tartalmazott. A dobozokban voltak az alkatrészek. Induláskor mindkét állvány összes doboza fel volt töltve a meghatározott darabszámhoz szükséges alkatrésszel. Ezt a darabszámot a dobozok újratöltéséhez szükséges idő és a gyártószalag ütemideje határozta meg. A szerelést végző dolgozó mindig csak az egyik állvány dobozait használta. Ha azok kiürültek, a másikból dolgozott, és közben az üres dobozokat tartalmazó állványt elvitték és a raktárban újratöltötték. A szalag végén egy hatalmas táblán folyamatosan jelezték, hogy aznap hány nyomtató készült el. A munkások betanítása egy külön oktatóteremben folyt.

A TQM és a Lean összehasonlítása az alábbi táblázatban látható. A táblázatban az eszközök soron, az analitikai és statisztikai eszközök közé tartoznak a mátrixdiagramok is. [6]

	TQM	Lean
Alapelvek	Adat, tény alapú folyamatos fejlesztés, vevő- és szállító központú, munkatársak bevonása és felhatalmazása elvű	A vevői érték folyamatos fejlesztése a legegyszerűbb értékáramon keresztül
Részvétel	Minden érdekelt (munkatársak, vevők, szállítók, tulajdonosok)	Minden érdekelt (munkatársak, vevők, szállítók, tulajdonosok)
Módszerek	PDCA	Vevői érték, értékáram, húzó elv, analízis
Eszközök	Analitikai és statisztikai eszközök (7 régi és új módszer)	Analitikai eszközök (Pl. Six Sigma)
Célok	Vevői elégedettség, vevői elkötelezettség és teljesítmény növelése	Szállítási idő és készlet csökkentése. Termelékenység, vevői elégedettség növelése
Változás	Lassan növekvő	Lehet gyors és lassú
Bevezetési idő	Hosszú	Hosszú

1. táblázat. A TQM és Lean összehasonlítása

1.3. A 7 régi és új eszköz

Kaoru Ishikawa (1915 - 1989) a Tokiói Egyetem Mérnöki Karának professzora, aki minőségirányítási innovációiról ismert, a minőségi kör fejlesztésének kezdeményezője és szervezője volt. Nevéhez fűződik az Ishikawa vagy ok-okozati diagram (más néven halcsont diagram) is. 1968-ban jelent meg a "Guide to Quality Control" c. könyve, amelyben a minőség 7 alapvető eszközét (más néven a 7 régi eszköz)[5] mutatja be. Ezek:

Hisztogram: A leggyakrabban használt grafikon a gyakorisági eloszlások megjelenítésére, vagy arra, hogy egyes értékek milyen gyakran fordulnak elő egy adatkészletben.

Ellenőrző lap: strukturált, előkészített űrlap az adatok gyűjtésére és elemzésére.

Kontroll grafikon: a folyamtok kiválasztott paramétereinek időbeli alakulását leíró diagram.

Ok-okozati diagram (más néven Ishikawa vagy halcsont diagramok): azonosítja a hatás vagy probléma számos lehetséges okát, és hasznos kategóriákba sorolja az ötleteket.

Folyamatábra: egy folyamat tevékenységeinek időbeli lefutását ábrázolja.

Pareto diagram: oszlopdiagram, amely megmutatja, hogy mely tényezők a jelentősebbek (20/80 szabály).

Szórás (vagy pont-) diagram: numerikus adatpárokat ábrázol, minden tengelyen egy-egy változót, hogy összefüggést keressen.

A Japán Tudósok és Mérnökök Egyesülete 1976-ban felismerte, hogy szükség van olyan eszközökre, amelyek segítik az innovációt, az információ kommunikálását és nagy projektek sikeres tervezését. Ezek után egy team kidolgozta a „7 új menedzsmenteszközt" vagy más néven „A hét menedzsment- és tervezőeszközt." A 7 új menedzsmenteszköz jelezni szerette volna, hogy ez más és modernebb, mint a korábban a minőség ellenőrzések során használt 7 régi (alap) menedzsmenteszköz.

Magyarországon – elsősorban Dr. Soji Shiba professzor munkája nyomán – az eszközök a 80-as évek második felében váltak ismertté.

A 7 új eszköz a következő:

Affinitás- vagy Hasonlósági diagram (KJ módszer)

Az affinitás hasonlósági diagram egy speciális ötletbörze , amely nagy mennyiségű rendezetlen adatot és információt a hasonló üzeneteiken alapuló csoportokba rendez.

---

5. http://www.szervez.uni-miskolc.hu/blaci/leanjegyzet/a_minsgbiztosts_7_eszkze.html

Kapcsolati-diagram

A kapcsolati diagramok megjelenítik az összes, egymással összefüggő ok-okozati összefüggést és tényezőt, amelyek egy összetett problémában szerepet játszanak, és megjelenítik az okok fő forrását és az okozatok fő eredményét.

Fa-diagram

Ez az eszköz az átfogó kategóriák egyre mélyebb részletszintekre történő lebontására szolgál. Képes egy cél, megoldás vagy feladat eléréséhez szükséges szinteket feltárni.

Mátrixdiagramok

Ez az eszköz két vagy több elemkészlet közötti kapcsolatot mutatja. Minden kereszteződésben egy kapcsolat vagy hiányzik, vagy jelen van (melyet pl. egy „X" beírásával lehet jelezni), így információt ad a kapcsolatról. Három jel használata esetén (pl. ●: erős, ⊙: közepes. O: gyenge) a kapcsolat erőssége is feltüntethető. A mátrixdiagram lehetővé teszi viszonylag összetett helyzetek elemzését a dolgok közötti kölcsönhatások és függőségek feltárásával. Hat különböző alakú mátrix lehetséges: L, T, Y, X, C és tető alakú, attól függően, hogy hány csoportot kell összehasonlítani. Speciálisak a QFD (Minőség háza) és a Hoshin Kanri X mátrix.

Mátrix-adatelemzés

Ez egy X, Y koordináták által meghatározott 4 területtel rendelkező mátrix, amelybe 2 tulajdonság pontszámai alapján kerülnek a vizsgált téma elemei (termék, piac, feladatok stb.), biztosítva ezzel azok osztályozását. Ilyen pl. a Boston Consulting jól ismert BCG mátrix, ahol a piaci részesedés és a piaci növekedés szerint helyezik el a cég termékeit.

Hálódiagram

Ez az eszköz a feladatok és a kapcsolódó részfeladatok megfelelő sorrendjének vagy ütemezésének megtervezésére szolgál.

PDPC

A PDPC a fa diagramot használ, hogy azonosítsa a kockázatokat és az ellenintézkedéseket az alsó szintű feladatokhoz. E módszer egyik változata az FMEA. (Nem tévesztendő össze a PDCA ciklussal!) [7]

A TQM elméletével és gyakorlatával és a 7 régi és új eszközzel 1988-ban ismerkedtem meg. Akkor a VIDEOTON Automatika Közös Vállalat vezetője voltam és csatlakoztunk az akkori Ipari Minisztérium ÁMR (Átfogó Minőségvezetési Rendszer) bevezetése programjához, amelyre 3 mFt támogatást is kaptunk. A Minisztérium egy japán TQM gurut, Soji Shiba professzort bízta meg a program vezetésével, aki magyar mérnököket képzett ki a TQM bevezetésére. Soha nem felejtem azt a pillanatot, amikor Bodor Pál belépett az irodámba, hogy megbeszéljük a bevezetés lépéseit. (Bodor Pali később jó barátom lett, akivel a munkán kívül is rendszeresen találkoztunk.) Elkezdtük a TQM bevezetését a vállalatnál. Először a felső vezetés ismerkedett meg a TQM eszközeivel konkrét feladatokon keresztül. Az első feladat során arra a kérdésre kerestük a választ, hogy „Mik a cégünk erősségei?" és „Mik a cégünk gyengeségei?". Rögtön a KJ-Shiba hasonlósági diagram használatával feleltünk a kérdésekre. A megírt cetliket csoportosítottuk, majd új jelentéseket adva az egyes csoportoknak, ezeket ismét csoportosítottuk végül még egy szintet léptünk felfelé. Elemeztük az ok-okozati összefüggéseket az egyes fő üzenetek között, akkor még nem tudva, hogy egy relációs diagramot rajzoltunk.

A diagramot a felső vezetés és a cég kulcsemberei készítették. A résztvevők neve felkerült a diagramot ábrázoló flip-chartra és erre írtuk a fő konklúziókat is. A munka végén minden résztvevő elmondta a teammunka erősségeit és gyengeségeit. A gyengeségekre már nem emlékszem, de pár erősségre igen: adatszerű megállapítások, hatékony munka, strukturált, jól áttekinthető eredmény, demokratikus, sok ember véleményét tükrözi.

Később megismerkedtünk a többi módszerrel, főleg a Fa diagrammal és mátrixdiagramokkal is, és alkalmaztuk azokat a mindennapi gyakorlatban, a problémák megoldása során.

Nagyon nagy hatással voltak rám a módszerek. Teljesen új volt számomra, pedig pár évvel előtte diplomáztam az Országos Vezetőképzőn, ahol vezetéstudományt is tanultunk. Munkatársaim szintén lelkesek voltak és úgy gondoltuk, hogy a „hólabda" hasonlattal élve, a lehető leghamarabb az alsóbb szintekkel is meg kell ismertetni a módszereket. A kiindulás is rendelkezésre állt, hiszen a cég gyengeségei olyan konkrét feladatokhoz vezettek, amelyeket már a középvezetői majd az operatív szintnek kellett megoldani.

A „Hét új eszköz" kidolgozása óta, a menedzsmenttudomány és a számítástechnika fejlődése és a piaci verseny következtében nagyon sok eszköz jelent meg, amelyek gyakran az eredeti 7 új eszköz egyikének speciális, továbbfejlesztett változatai, pl. az FMEA, a QFD és Hoshin Kanri X mátrix. Könyvemben a két utóbbit, amelyek a mátrixdiagramokhoz tartoznak, szintén részletesen tárgyalom.

1.4. Felmérések a hét menedzsment- és tervezőeszköz használatáról

Külföldi felmérések az eszközök használatáról

Az Industrial and System Engineering 2019. évi konferenciáján elhangzott egy előadás, amely a 7 új eszköz felhasználásáról szólt megaprojektek menedzselése során.

A megaprojekteket nagy beruházások jellemzik, amelyek 1 milliárd USD feletti vagy 0,5 milliárd euró felettiek, nagy léptékűek a technológia és időtartam tekintetében is. Ezek nyilvánvalóan hatással vannak a megaprojektek menedzselésére, ami többet igényel a kisebb projektek kezeléséhez képest.

A vizsgálat eredmény az volt, hogy a mátrixdiagram a leggyakrabban használt eszköz (57%), ezt követi a kapcsolati diagram (32%), a fa diagram (32%) és az affinitás diagram (25%). [8]

2013. március 15-én megjelent egy tanulmány a „The TQM Journal" folyóiratban.

A tanulmány fő célja a Hét menedzsment- és tervezőeszköz gyártó szervezetekben történő felhasználásának vizsgálata. Ez a kutatás az eszközök megértését, ismeretét és az eszközök gyártási szektoron belüli alkalmazási szintjét vizsgálta beleértve azok alkalmazásának előnyeit, kihívásait és kritikus sikertényezőit.

A felméréshez összeállítottak egy online kérdőívet és az adatgyűjtést rétegzett, véletlenszerű mintavételi stratégiával végezték. Az elsődleges rétegeket minőségi szakemberek alkották, akik a gyártó szervezetek és funkciók különböző területén dolgoztak. A felmérésre összesen 86 résztvevő válaszolt különböző országokból.

A tanulmány fő megállapítása, hogy a feldolgozóiparban résztvevők 10%-a úgy vélte, hogy a 7 új eszköz a szervezeti problémák több mint 80%-át képes megoldani. A cikkben bemutatott másik lényeges megállapítás az, hogy a fadiagramokat használták leginkább a gyártási szektorban (19%). Ezt a mátrixdiagramok (18%) és a mátrix adatelemzés (17%) követi. A legkevésbé használt eszközök a nyíldiagramok. A 7 új minőségellenőrzési eszköz használatának közös előnyei, hogy segítik az embereket a problémás területek meghatározásában, mérésében és elemzésében, vagy akár prioritások meghatározásában, és valamilyen struktúrát biztosítanak a problémamegoldó erőfeszítéseknek. Ez a cikk azt is feltárta, hogy a mátrixdiagramok és a mátrix adatelemzés használatának gyakorisága az értékesítés területén a legmagasabb (18% illetve 17%) és a kutatás-fejlesztés területén a legalacsonyabb (12% illetve 11%). A mátrix adatelemzés gyakorisága még a következő területeken is 11%: új termék fejlesztés és bevezetés, valamint ellátási lánc menedzsment. [9]

Hazai felmérés az eszközök használatáról

A felméréshez egy Google űrlapot készítettem. Első körben az ISO 9001 Forumot, A Szövetség a Kiválóságért Egyesületet, Magyar Minőség Társaságot, valamint Menedzsment és Controlling Egyesületet kértem meg, hogy Tagjaiknak küldjék ki a felmérés célját és az űrlap elérhetőségét. A következő lépésben a webshopomon feliratkozóknak és egy korábbi felmérésem kitöltőinek küldtem ki a kérést. (A korábbi felmérésem az Egyre jobban c. könyvem melléklete volt és a folyamatmenedzsment magyar vállaltoknál történő alkalmazásáról szólt.)

A felmérés ide vonatkozó eredményei a következők:

A mátrixdiagramokat, mint menedzsment eszközöket a 140 válaszadó 87,4% ismeri.

A mátrixdiagramokat válaszadók 37%-a használja egyénileg a tervezés, 40%-a minőségbiztosítás és 35%-a projektmenedzsment területén. A többi területen (termék/szolgáltatás fejlesztés, marketing/értékesítés, gyártás) az alkalmazás aránya 30% alatt van.

Csoportmunkában a válaszadók 36%-a használja a tervezés, 42%-a minőségbiztosítás és 26%-a projektmenedzsment területén. A többi területen (termék/szolgáltatás fejlesztés, marketing/értékesítés, gyártás) az alkalmazás aránya 25% alatt van.

1.5. A mátrixmatematika

A matematikában a mátrix a számok, függvények, kifejezések, vagy egyéb elemek, esetleg más mátrixok téglalap alakú elrendezése, táblázata.

A mátrixokkal az algebrához hasonló műveletek végezhetők, amely a lineáris algebra tárgya és amelyek alkalmazási területe rendkívül széles, a fizikától és komputergrafikától kezdve a biológián át egészen a nyelvészetig, számtalan tudományágban használhatóak akár az elméleti leírás tömör megfogalmazására, akár a számítások megkönnyítésére vagy automatizálására. Így az üzleti életben, a menedzserek eszköztárában is szerepet kaptak. A hatalmas készletek kezelésétől és a pénzügyi elemzések elvégzésétől a kockázatértékelésen keresztül a stratégiai tervezésig a mátrixok beépülnek a modern üzleti stratégiák szövetébe

2. Mátrixdiagramok

Az előző fejezetben ismertetett felmérésből az derült ki, hogy a kérdőívet kitöltők több, mint 50 %-a ismeri a módszert, egyénileg a minőségbiztosítás és a projektmenedzsment területén használják a legtöbben, teammunkában pedig a minőségbiztosítás és a tervezés területén. A menedzserek sok, különféle adatokkal, folyamatokkal, anyagokkal, programokkal és emberekkel foglalkoznak. Mivel sok változó, tényező van kölcsönhatásban, nehéz megérteni, hogy az egyes elemek hogyan működnek együtt és hogyan befolyásolják az eredményeket.

A mátrixdiagram az egyik menedzsment- és tervezési eszköz, amelyet az adatcsoportok közötti kapcsolatok elemzésére és megértésére használnak. A mátrixdiagramok két vagy több elemcsoportot vagy egy csoporton belüli elemeket hasonlítanak össze. Azáltal, hogy az elemek csoportjait sorokból és oszlopokból álló mátrixdiagramba helyezik, a menedzserek könnyebben vizualizálhatják a megfigyelt szervezeten belüli célok, tényezők és okok közötti kapcsolatot. Segítenek a menedzsereknek felvázolni és kiértékelni az összetett kapcsolatokat, és segítenek a döntéshozatalban.

Az információs csoportokat a mátrix oszlopaiban és soraiban feltüntetve, azok közötti kapcsolatrendszert egy számmal vagy szimbólummal jelezve, részletesen tanulmányozhatók az összefüggések és megoldást segítő konklúziók vonhatók le. Attól függően, hogy hány csoport közötti kapcsolatot vizsgálunk, hat formájú diagram lehetséges: L, T, Y, X, C és tető-formájú. Az utolsó kivételével az egyes formák arról a betűről kapták a nevüket, amelyekre hasonlít az információs csoportok sorai és oszlopai.

QFD (Quality House) és a Hoshin Kanri X mátrix. speciális mátrixdiagramok. QFD (Quality Function Deployment) olyan tervezési módszer, amely az ügyfelek igényeit helyezi a termék- vagy szolgáltatástervezés középpontjába. A Hoshin Kanri X mátrix arra szolgál, hogy a víziót stratégiává és mérhető feladatokká alakítsa, és ezeket a szervezet alacsonyabb szintjein fejlesztési feladatokká kell alakítani.

A mátrixban elemezhető információk típusai a következők lehetnek: adat, funkciók, fogalmak, emberek, anyagok, felszerelés, akciók, termékek, piacok stb.

A mátrixanalízist általában az alábbiakra lehet alkalmazni:

◈ a problémák okainak azonosítása,

◈ a követelmények összeegyeztetése a specifikációkkal,

◈ az erőforrások elosztása szükséglet vagy kompetencia alapján,

◈ a lehetséges megoldások összehasonlítása,

◈ a fejlesztési lehetőségek azonosítása,

◈ termékek és piacok viszonyának elemzése a termék/piac stratégia céljából,

◈ a jelenleg elérhető technológiák alkalmazási potenciáljának elemzése gyártás/szolgáltatás során,

◈ bizonyos összefüggések tisztázása különböző projektek között,

◈ követelmények teljesülésének ellenőrzése. [10, 21]

Az alábbi ábra összefoglalja, hogy a különböző formájú mátrixdiagramok hány és milyen csoport közötti viszony vizsgálatát teszik lehetővé. (A viszonyokat a betűkkel jelzett csoportok közötti területen elhelyezett szimbólumok jelzik. A C formájú diagram egy 3 dimenziós, A, B, C koordináták által határolt teret, kockát jelent.)

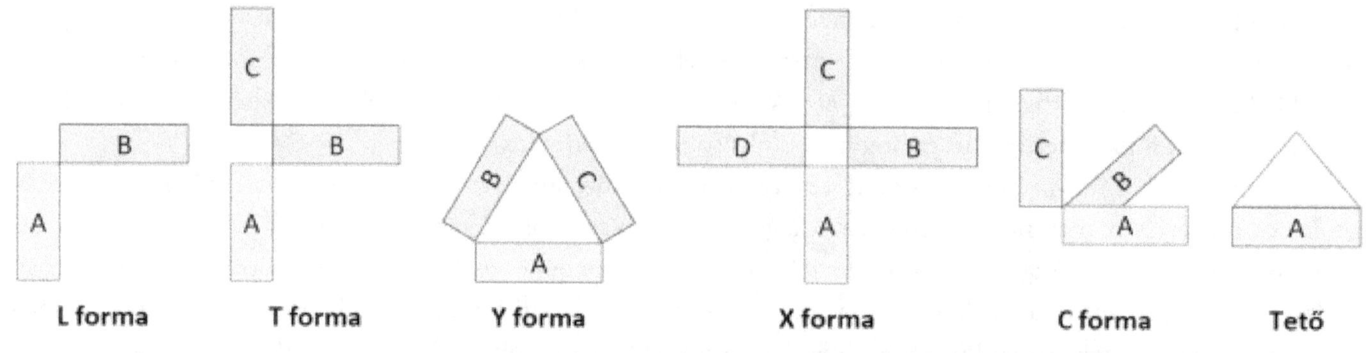

| Diagram formája | Csoportok száma | Tulajdonségok |
		Vizsgálható csoportok közötti viszony
L	2	A<->B (A<->A)
T	3	B<->A<->C de B<->C nem
Y	3	A<->B<->C<->A
C	3	Egyszerre 3D-ben
X	4	A<->B<->C<->D<->A de A<->C és/vagy B<->D nem
Tető	1	A<->A

1. ábra. A különböző Mátrixdiagram formák használata

- Egy L-formájú mátrix két csoport tételei egymás közötti kapcsolatait mutatja be (vagy egy csoporton belül a csoport tételei között).
- Egy T-formájú mátrix három csoport közötti kapcsolatokat ábrázolja: B és C csoport minden tételének A csoporthoz való kapcsolatát, de B és C csoport egymáshoz viszonyított kapcsolatát nem.
- Egy Y-formájú mátrix három csoport tételei egymás közötti kapcsolatait mutatja be. Minden csoport másik kettőhöz körkörös módon kapcsolódik.
- Egy C-formájú mátrix három csoport tételei egymás közötti kapcsolatait egyszerre együtt, 3 D-ben mutatja be.
- Egy X-formájú mátrix négy csoport tételei egymás közötti kapcsolatait mutatja be. Minden csoport másik kettőhöz körkörös módon kapcsolódik.
- Egy tető-formájú mátrix egy csoport tételeinek egymás közötti kapcsolatát mutatja be. Általában az L vagy T formájú mátrix-szal együtt használják.

2.1. Sztenderd mátrixdiagramok

L-formájú mátrixdiagram

Ez a legalapvetőbb és legáltalánosabb mátrix forma. Két dimenzióban elhelyezett adatok közötti kapcsolatot vizsgál. Jól használható pl. a célok és a célok elérésének eszközeinek összekapcsolására, vagy okozatok és okok közötti kapcsolatok vizsgálatára. Ebben az esetben ok-okozati (C&E - cause & effect) mátrixról beszélünk.

A későbbiekben látni fogjuk, hogy a T formájú, az X formájú és az összetett mátrixok, mint a QFD vagy a Hoshin Kanry mátrixok részeiként is megjelenik ez az alapmátrix forma.

Az alábbi L-formájú diagram vevői igényeket foglal össze. A táblázatot készítő team számszerű értékeket írt a specifikációs mezőkbe és pipával jelölte a kívánt szállítási módot.

	A vevő	B vevő	C vevő	D vevő
Tisztaság %	> 99.2	> 99.2	> 99.4	> 99.0
Fém nyomelem (ppm)	< 5	—	< 10	< 25
Víz (ppm)	< 10	< 5	< 10	—
Viszkozitás (cp)	20-35	20-30	10-50	15-35
Szín	< 10	< 10	< 15	< 10
Hordó		✔		
Tartály gépkocsi	✔			✔
Vasúti tartálykocsi			✔	

2. ábra. L-formájú mátrixdiagram

T-formájú mátrixdiagram

Ez egy vízszintes irányba fordított „T” forma, ahol a az A csoport elemei vízszintesen helyezkednek el, a B és C csoportoké pedig függőlegesen alul és felül. Az A csoport elemeinek kapcsolatai vizsgálhatók a B és C elemeivel.

Ez a mátrix jól alkalmazható rendkívüli események (pl. hibák) okainak feltárására a folyamatok műveleteiben. Ilyen vizsgálatoknál az A csoportban helyezkednek el az okok, a B-ben a folyamatok műveletei és a C-ben a rendkívüli események.

Az alábbi T-formájú mátrix a termék modell (A csoport) kapcsolatát mutatja a termék (modell) vevőjével (B csoport) és a gyártás helyével (C csoport).

Budapesti gyár	●		○	○
Győri gyár		●		○
Debreceni gyár	○			●
Szegedi gyár		○	●	
Nagy mennyiség ● Kis mennyiség ○	A modell	B modell	C modell	D modell
Nagyvevő Zrt.		●		
Vegyes Vevő Kft.	○	○	○	●
Kisvevő Kft.			○	○
Óriás Vevő Zrt.	●			●

3. ábra. T-formájú mátrixdiagram

Különböző módon vizsgálva a mátrixot, különböző információkat kaphatunk. Például az A modellre koncentrálva látható, hogy nagy mennyiségben Budapesten, kis mennyiségben pedig Debrecenben gyártják. Óriás Vevő Zrt. a legnagyobb vevője az A modellnek, míg a Vegyes Vevő Kft. kis mennyiséget vásárol. Ha a vevők soraira koncentrálunk, kiderül, hogy csak Vegyes Vevő Kft. vásárol valamennyi modellből. Nagyvevő Zrt. csak egy modellt vesz, de abból nagy mennyiséget. Óriás Vevő Zrt. két modellből szerez be nagy mennyiséget, míg a Kisvevő Kft. viszonylag keveset vásárol két modellből. Ha az egyes mezőkbe a gyártott és vásárolt mennyiségeket írnánk, a gyártás áttelepítésére vonatkozó következtetésekre juthatunk.

Y-formájú mátrixdiagram

Az Y formájú mátrixot mutat az alábbi példa, amely a vevői követelmények, a belső folyamat indikátorok és a résztvevő szervezet közötti kapcsolatokat mutatja. A szimbólumok a kapcsolatok erősségét mutatja: elsődleges kapcsolat, amilyen a Termelés kapcsolata a Termelő kapacitással, másodlagos kapcsolat, mint amilyen a Termék hozzáférés és a Készletszint között van, kicsi, mint amilyen az Elosztás kapcsolata a Szállítási időre vonatkozóan és végül nincs kapcsolat, mint például a Beszerzés és az Időre történő szállítás között.

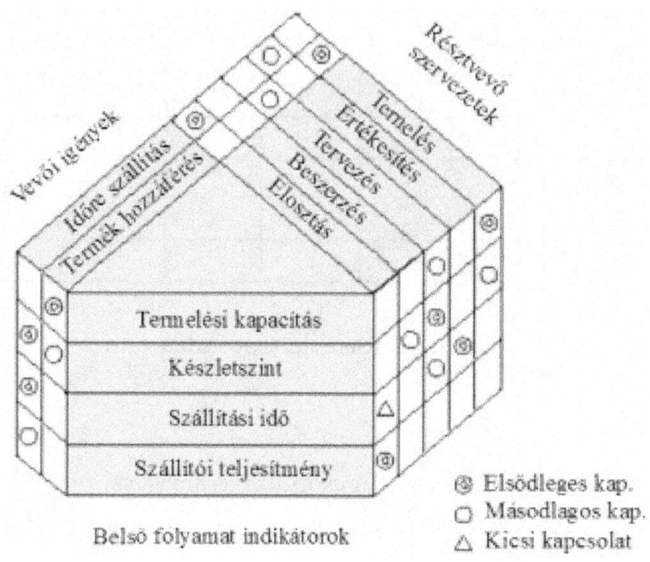

4. ábra. Y-formájú mátrixdiagram

A mátrix fontos információkat szolgáltat az időre történő (JIT) szállításra. Az Elosztásnak elsődleges felelőssége van a Vevői igények kielégítésére vonatkozóan. Két indikátornak, a készletszintnek és a szállítási időnek erős kapcsolata van az időre történő szállítással. Az Elosztásnak kicsi kapcsolata van a szállítási idővel és nincs kapcsolata a készletszinttel. Persze az időre történő szállításért felelőssége van.

Az Y formájú mátrix megrajzolása nehéz, ezért Excelben készítettem egy módosított változatot, amelynek lényege a 37. ábrán látható.

C-formájú mátrixdiagram

A mátrix 3 dimenziós, a C betű az angol Cube szóból ered. Nehéz megrajzolni, ezért ritkán használják.

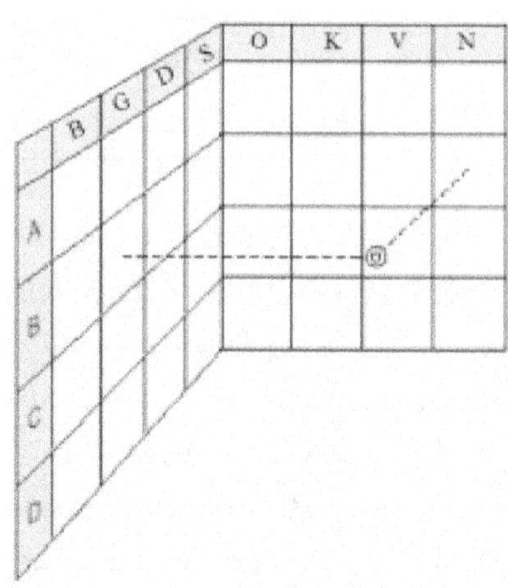

5. ábra. C-formájú mátrixdiagram

Ezen az ábrán a T-formájú mátrix példáját ábrázoljuk. A C-mátrix azt mutatja, hogy a Győrben (G) gyártott B modellt a Nagyvevő Zrt. (N) vásárolja.

X-formájú diagram

Az X formájú mátrixdiagram egy további dimenzióval kiegészített T formájú diagramból jön létre. Olyan, mint egy X-Y koordináta-rendszer, amelynek Y tengelyén helyezkedik el az A és C csoport, az Y tengelyén pedig a B és D. A tengelyeken elhelyezkedő csoportok között nem vizsgálható kapcsolat.

Az alábbi ábra kiterjeszti a T-formájú mátrix példát egy X-formájúra a fuvarozóval és kapcsolódásaival a gyártási helyekkel és vevőkkel. A mátrix vízszintes tengelyeinek nincs kapcsolata egymással. Így a termékek kapcsolódnak a gyártó helyekhez és a vevőkhöz, de nem kapcsolódnak a fuvarozókhoz.

Egy X-formájú mátrixban nagyon sok információt tartalmaz. Ezek közül az egyik, hogy a Kisvevő Kft-t, kis volumennel, csak a GLS és a Nagyvevő Zrt. szolgálja ki. A Kisvevő Kft. nem vásárol sokat, de a Vegyes Vevő Kft.-vel együtt a C modellt is vásárolja. A D modell 3 helyen készül, míg a többi két helyen.

GLS	Nagyvevő Zrt.	DHL	MPL		A modell	B modell	C modell	D modell
○		●	○	Budapesti gyár	●		○	○
	○	●	●	Győri gyár		●		○
		●	●	Debreceni gyár	○			●
○	○		○	Szegedi gyár		○	●	
GLS	Nagyvevő Zrt.	DHL	MPL	Nagy mennyiség ● / Kis mennyiség ○	A modell	B modell	C modell	D modell
		●	○	Nagyvevő Zrt.		●		
			●	Vegyes Vevő Kft.	○	○	○	●
○	○			Kisvevő Kft.			○	○
	○	●		Óriás Vevő Zrt.	●			●

6. ábra. X-formájú diagram

Ebben a formában jelenik meg a stratégia lebontásához használt Hoshin Kanri X mátrix, amelyben a 4 csoport pl. a következő lehet: stratégiai célok, éves célok, fejlesztési feladatok, prioritások.

Tető-formájú mátrixdiagram

A tető-formájú mátrixot általában L- és T-formájú mátrixokkal együtt használják, az egy csoportba tartozó tételek egymáshoz való viszonyának bemutatása céljából. A leggyakrabban a QFD-ben, az un. „Minőség házában" alkalmazzák, ahol ez a ház tetejét alkotja.

Az alábbi ábra a vevői igények egymás közötti kapcsolatát mutatja. Például erős a kapcsolat a szín és a fém nyomelemek között, míg a viszkozitásnak nincs viszonya a többivel. [11, 22]

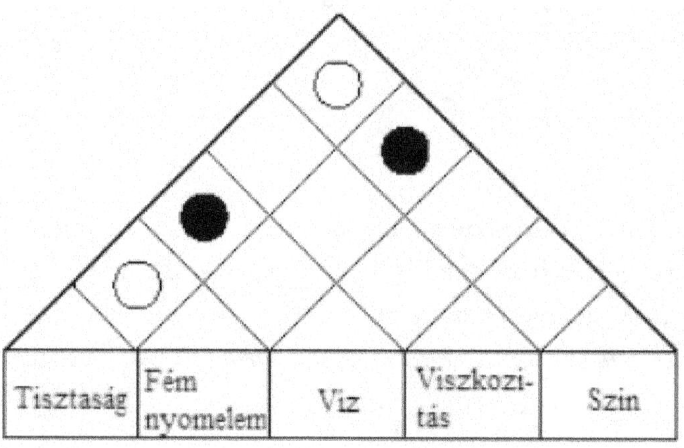

7. ábra. Tető-formájú mátrixdiagram

2.2. Speciális mátrixdiagramok

QFD

A QFD az angol Quality Function Deployment rövidítése, ami minőségi funkció lebontást jelent, egy olyan tervezési módszert, amely a vásárlói igényeket a termék vagy szolgáltatás fejlesztésének központjába helyezi. Kidolgozója Dr Yoji Akao, akit többek közt ezért az ASQ[1] (American Society for Quality) 24. tiszteletbeli tagjává nevezték ki 2009-ben. Az QFD a vásárlói igényeket (Voice of Customer, VOC), a tervezői célokat és a termelési korlátokat összekapcsolja, hogy biztosítsa a termék vagy szolgáltatás magas minőségét. Az QFD folyamat négy, úgynevezett Minőség háza mátrixdiagramon keresztül bontja le a vásárlói igényeket a termék, szolgáltatás, valamint ezek részeinek jellemzőire, a gyártási, szolgáltatási folyamatokra és a minőségellenőrzési követelményekre. Ezen keresztül a segít a tervezőknek abban, hogy meghatározzák a legfontosabb minőségi, gyártási és ellenőrzési kritériumokat. A QFD előnyei a következők:

- **Vásárlói igények figyelembevétele:** a QFD a vásárlói igényeket (VOC) a tervezés központjába helyezi, így biztosítva, hogy a termék vagy szolgáltatás a lehető legjobban megfeleljen a fogyasztói igényeknek.
- **Hatékony tervezés:** a Quality Function Deployment összekapcsolja a vásárlói igényeket, a tervezői célokat és a termelési/szolgáltatási korlátokat, ami javítja a tervezési folyamat hatékonyságát és eredményességét.
- **Minőség javítása:** a QFD segít a tervezőknek abban, hogy azonosítsák a vásárlói igényeknek megfelelően a legfontosabb minőségi kritériumokat, és ezek alapján javítsák a termék vagy szolgáltatás minőségét.
- **Ügyfél fókusz:** a Quality Function Deployment segíti a céget abban, hogy fókuszáljon az ügyfél igényeire és elvárásaira, ami növeli a cég vevőinek elégedettségét és a hosszú távú ügyfél megtartást.
- **Komplex megközelítés, egységes irány:** a QFD lehetővé teszi a tervezőknek, a fejlesztőknek, a gyártásban, illetve szolgáltatásban résztvevőknek, a marketingeseknek és értékesítőknek, hogy együtt dolgozzanak a termék vagy szolgáltatás fejlesztése során, ami komplex megközelítést és egységes irányt biztosít a fejlesztési folyamatban.

A QFD és a Minőség háza elkészítése túl sok munkának tűnhet, de jó választás, ha az alábbiak bármelyiké érvényes a vállalkozásra:

---

1. https://asq.org/

- az ügyfelek elégedettsége a szervezet fő célja,
- a fejlesztésben késések voltak, vannak,
- gyenge a szervezetek közötti kommunikáció az ügyfelek igényeiről,
- a termékkel, szolgáltatással és folyamatokkal kapcsolatos döntéseknek nem voltak egyértelmű iránymutatásai,
- nincs egyértelmű, dokumentált termék-, szolgáltatás követelményrendszer,
- a cég egy új piacra lép,
- a termék vagy szolgáltatás nem teljesít olyan jól, mint azt várták,
- több ügyfele van különböző igényekkel.

Minél tovább tart egy termék vagy szolgáltatás kifejlesztése és piacra hozatala, annál több erőforrást igényel. A fejlesztési folyamat gyorsabbá és hatékonyabbá tétele a vállalat érdeke.

A teljes QFD folyamat során a 4 Minőség háza (4 szint) készül el. Ennek sematikus ábrája a következő:

A QFD FOLYAMAT

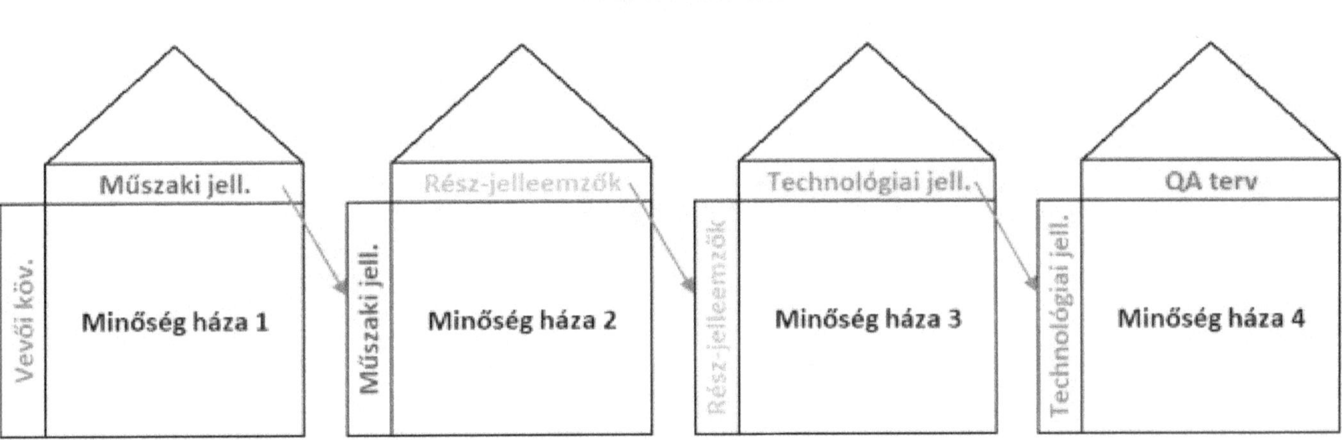

8. ábra. A QFD folyamata

1. szint: hogyan lehet a vevői követelményeket (a vevő hangját) technikai paraméterekkel kielégíteni.

2. szint: miképpen lehet a technikai jellemzőket, mint követelményeket a részrendszerekkel, alkotóelemekkel (pl. alkatrészekkel) teljesíteni.

3. szint: miképp lehetséges a részrendszerek követelményeit a folyamatokkal (pl. gyártási) kielégíteni.

4. szint: milyen módon lehet a folyamatokat ellenőrizni.

Egy-egy Minőség háza mátrixdiagram képe, amely egy L formájú mátrix és egy Tetőmátrix kombinációja, a 9. ábrán látható.

Egy-egy szint elkészítésének lépéseit az érdekeltek bevonásával, team munkában célszerű végezni:

1. Követelmények és értékelés: a ház bal oldalán található terület felsorolja a vevői követelményeket, valamint azt, hogy hogyan rangsorolják őket fontosságuk szerint. (Általában 1-től 5-ig terjedő skálát használnak.)

2. Tervezési jellemzők (HOGYAN-ok): a termék tervezési jellemzőit kell felsorolni. Ez az Emeleten-en történik.

3. A követelmények és tervezési jellemzők (HOGYAN-ok) kapcsolata: a FÖLDSZINT-en minden kapcsolat erősségét a következők jelzik: erős kapcsolat: 9, közepes kapcsolat: 3, gyenge kapcsolat: 1, nincs kapcsolat: szóköz. Ez a 3 rész alkotja az L formájú mátrixot.

4. Versenytárs elemzés: a FÖLDSZINT jobb oldalán elhelyezett részen értékelhetjük a követelményeket a cégünkre és a konkurenciára.

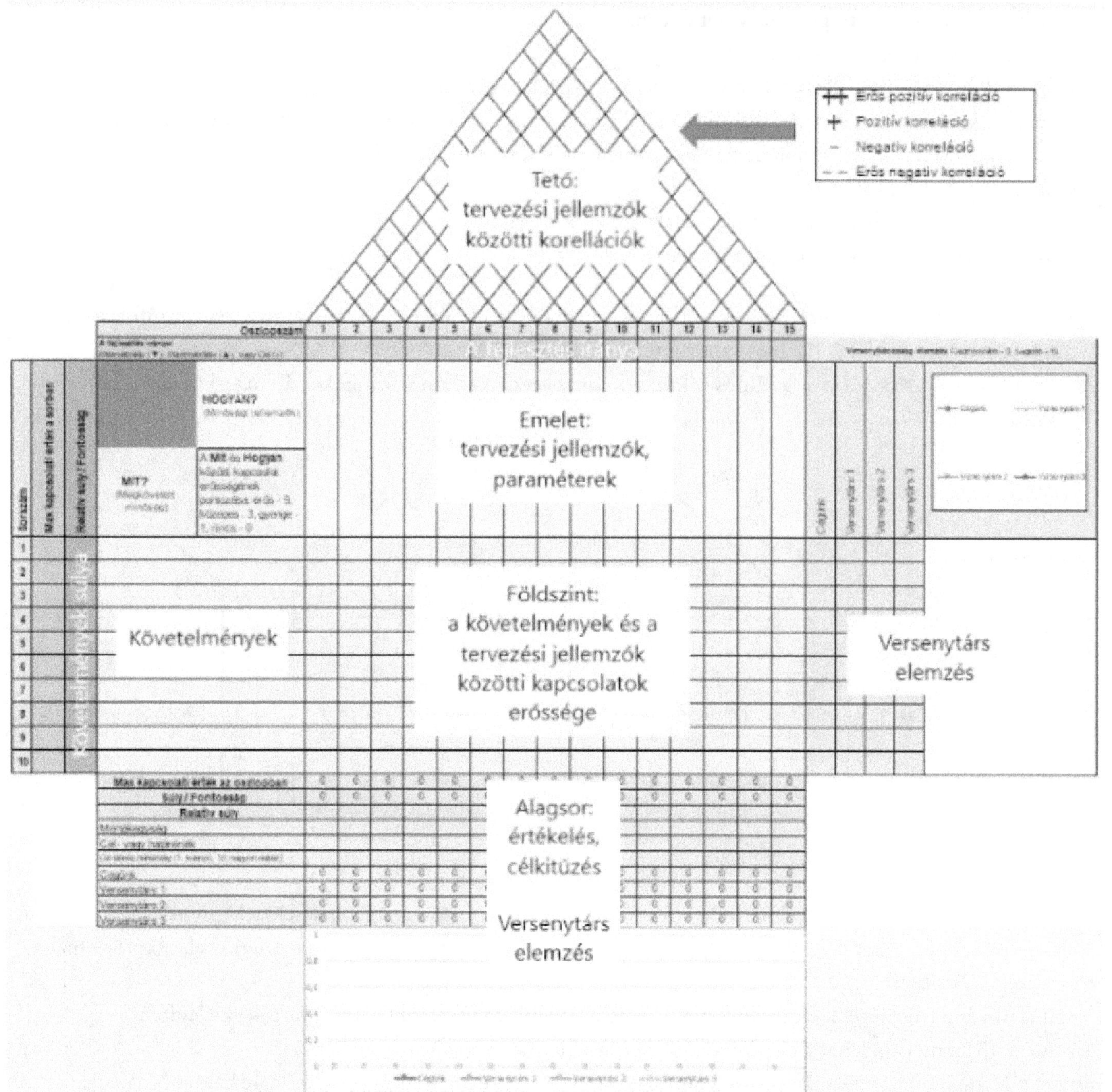

9. ábra. A QFD mátrixdiagram felépítése

5. Tervezési kapcsolatok: tetőmátrixként is ismert, és leírja a tervezési jellemzők közötti korrelációkat (a követelmények támogatják-e, vagy ütköznek-e egymással a tervezésben), amelyek a következők lehetnek: erős pozitív korreláció, pozitív korreláció, negatív korreláció, erős negatív korreláció, nincs korreláció: szóköz.

6. Mutatók: végül az ALAGSOR-ban kiszámolásra kerülnek a legfontosabb mutatók: Max kapcsolati érték az oszlopban, Súly / Fontosság és Relatív súly. A Súly / Fontosság az oszlopban található kapcsolat erősség számok és a hozzá tartozó követelmény fontosság szorzatainak összege, míg a Relatív súly a vizsgált Súly / Fontosság és az összes Súly / Fontosság összegének hányadosa. Ezek az értékek mutatják meg, hogy a követelmények szempontjából mely HOGYAN lényeges.

7. Célértékek: az ALAGSOR-ban felsorolja azokat a tervezési jellemzőkre vonatkozó célértékeket, amelyek a fejlesztés alapját képezik. Ez alatt lehet megadni az egyes HOGYAN-ok céljai elérésének nehézségét. Itt értékelheti a cégét és a versenytársakat a célérték szempontjából.

8. A célértékek és a súlyértékek ismeretében kitölthető az Emelet első sorában található, a Fejlesztés iránya sor. Az értékek: minimalizálás (pl. ár), maximalizálás (pl. minőség), célérték (pl. szín). [12, 13]

Hoshin Kanri mátrix

Az üzleti stratégia sikeres végrehajtásának aránya hihetetlenül alacsony, átlagosan körülbelül 50%, amely nem túl jó, hiszen ez azt jelenti, hogy minden második stratégia végrehajtása sikertelen.

A sikeresebb megvalósítás érdekében, egy meggyőző jövőképet kell stratégiává és mérhető feladatokká átalakítani, ezeket pedig a szervezet alsóbb szintjein kell fejlesztési feladatokká formálni.

Erre a célra szolgál a Hoshin Kanri X mátrix, amely lényegében „iránytű általi irányítást" jelent. A japán hoshin szó jelentése „iránytű", a kanri szó pedig „irányítást". Ez a stratégiai tervezési keret meghatározza a jelenlegi állapotot, a jövőbeni állapotot (cél), a végrehajtandó változtatásokat, valamint a cél eléréséhez vezető utat.

A második világháború után a japánok W. Edward Deming és Joseph Juran tanításait (PDCA) vegyítették Peter Drucker MBO[2] (Management by Objective) koncepciójával, és megkezdték első kísérleteiket a stratégiai tervezés terén. 1965-ben a Bridgestone Tire a Hoshin Kanrit hivatalosan is kijelölte a stratégia lebontás eszközévé. 1975-re Hoshin Kanri széles körben elfogadottá vált Japánban. Az elterjesztésben nagy szerepe volt Yoji Akao professzornak, a QFD kidolgozójának.

A Hoshin Kanri az 1980-as évek elején kezdett belopódzni az Egyesült Államokba. Ez főleg azért következett be, mert néhány amerikai vállalatnak olyan részlegei vagy leányvállalatai voltak Japánban, amelyek elnyerték a Deming-díjat.

A Hoshin Kanri mátrix egy X mátrix, amelynek négy csoportjában a stratégiai célok, a stratégia, a taktika és a mutatószám célok helyezkednek el. A mátrix közepén a cég küldetését szokták feltüntetni (10. ábra).

A küldetés vagy misszió a mával foglalkozik. Miért létezik a vállalat, mi a tevékenysége és azt milyen célból folytatja, kiket és hogyan szolgál. Utalhat a magatartási normákra, a társadalmi elkötelezettségre, és a legfontosabb érdekeltekkel (tulajdonosok, munkatársak, vevők) való viszonyokra. A misszió a "miért létezünk" kérdésre adja meg a választ. Ezért kérdéseink a következők lehetnek. Miért hozták létre a vállalatot? Milyen tevékenységet szolgálunk? Kik a vevőink. Milyen céljaink vannak?

A stratégia elkészítéséhez fontos a jövőkép, amely egy álom, egy látomás a jövőről. Hogy fog kinézni a vállalatunk, szervezetünk 3-5 év múlva? Mekkora lesz a forgalom, mekkora lesz a piaci részesedésünk, milyen termékeink, szolgáltatásaik lesznek, hányan fognak dolgozni, milyen munkatársakat szeretnének, hogyan fog működni a cég, milyen környezetben, milyen eszközökkel stb. Mindez tömören megfogalmazva. A jövőkép a "mi" és "mit" kérdésekre válaszol. Mi a távlati célunk, mit akarunk elérni. A jövőkép egy cél. Olyan cél, amelyet a tulajdonosoktól az alkalmazottakig mindenki magáévá tesz, és ezért dolgozik. Nagyon fontos, hogy a vízió közös legyen, mert akkor tud igazán motiváló lenni. Az a jövőkép, amelyet a tulajdonosok vagy az ügyvezető próbál a munkatársakra erőltetni, nem igazán inspiráló! A jövőkép alkotásba be kell vonni a munkatársakat.

---

2.   https://en.wikipedia.org/wiki/Management_by_objectives

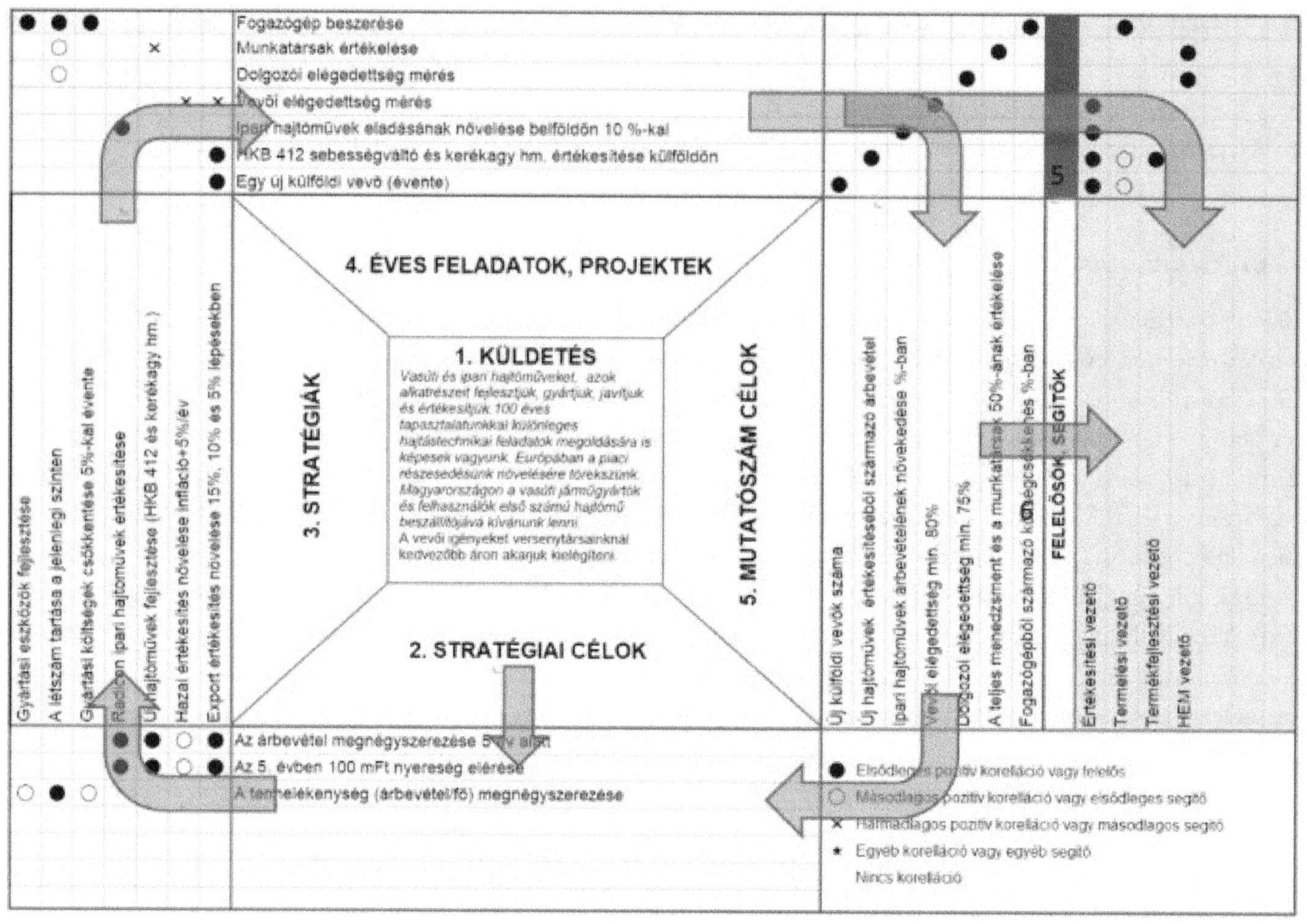

10. ábra. Egy Hoshin Kanri X mátrix és elve

A jövőkép alkotásra én két módszert használtam. Az első KJ-Shiba *módszer segítségével történik. A másik módszer a gondolati térkép (mind map) segítségével történik. Ezt módszert megtalálja a* Gondolat-térkép *c. írásomban.*[3]

A stratégiai célok hosszútávra, 3-5 évre vonatkoznak, melyek általában áttörési célok. Megfogalmazásukhoz különféle eszközök alkalmazhatók (pl. Ansoff Mátrix), azonban a környezeti információk begyűjtését nem lehet megúszni. Persze a vezetők általában tisztába vannak az ilyen adatokkal, azonban célszerű ezeket összefoglalni, a hiányzó tényekkel kiegészíteni. Ezek a gazdaságra vonatkozó adatok, pl. GDP, infláció, árfolyamok, iparági előrejelzések. Ugyanilyen fontosak a piaci információk: lehetőségek, veszélyek, versenytársak erősségei, gyengeségei, piaci részesedésük stb.

A második lépésben a stratégia lépései kerülnek megfogalmazásra: a cég hogyan kívánja elérni a jövőképét reprezentáló célokat. Ehhez jó eszköz lehet a SWOT analízis[4] c. írásomban leírt módszer. Meg kell határozni a célok és stratégiák közötti korrelációkat.

A stratégiát a legmagasabb szinten éves feladatokra, projektekre kell bontani és meg kell határozni ezek felelőseit.

Korrelációk állnak fenn a stratégiák és az éves feladatok között. A feladatoknak felelősei és különböző szintű segítői vannak.

Az éves feladatok végrehajtásának ellenőrzésére mérőszámok meghatározása szükséges.

Ez a folyamat abból áll, hogy az éves feladatokat célként megjelölve, azok elérésére eljárásokat (hogyan-okat), majd ismét feladatokat, projekteket indítanak a vezetők. Ezt a lebontást addig kell folytatni, amíg a legalsó szervezeti szintig és teamekig el nem jut.

A lean menedzsmentben ezt a folyamatot "catchball"-nak hívják, amelynek lépéseit mutatja az alábbi folyamatábra.

---

3. https://www.tfodor.hu/gondolati-terkep.php

4.   https://www.tfodor.hu/swot-analizis.php

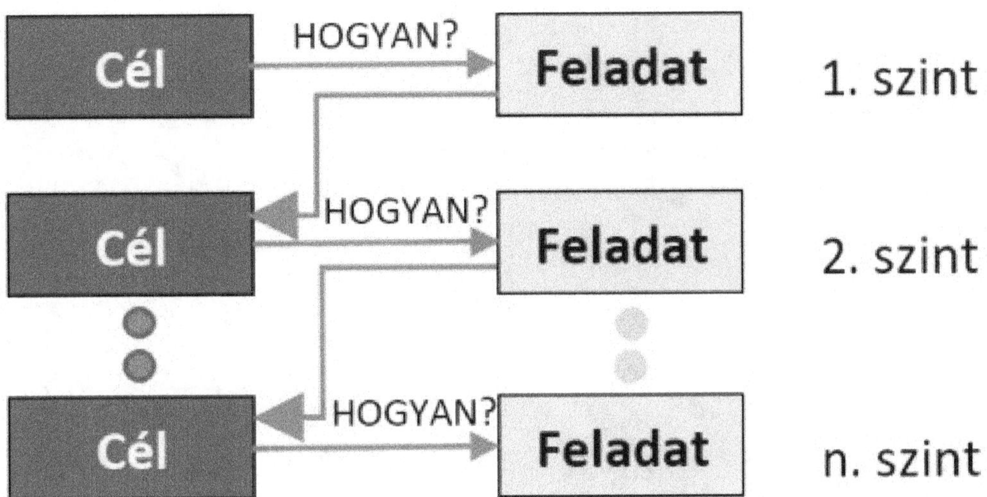

11. ábra. A catchball elve

Az éves feladatokat érdemes egy havi bontású táblázatba foglalni. A legfelsőbb szint feladatainak L mátrixba foglalt adatait mutatja az alábbi ábra.

[14, 15, 22]

3. Mátrix adatelemzés

Ez egy X, Y koordináták által meghatározott 4 területtel rendelkező mátrix, amelybe 2 tulajdonság pontszámai alapján kerülnek a vizsgált téma elemei (termék, piac, feladatok stb.), biztosítva ezzel azok osztályozását és egymáshoz való viszonyuk egyszerű bemutatását.

Mozaik szóval MDAC (Matrix Data Analytics Chart) a neve.

Az alábbi ábrán a körrel bekerített, a vizsgált elemeket jelző pontok hasonló tulajdonságokkal rendelkeznek.

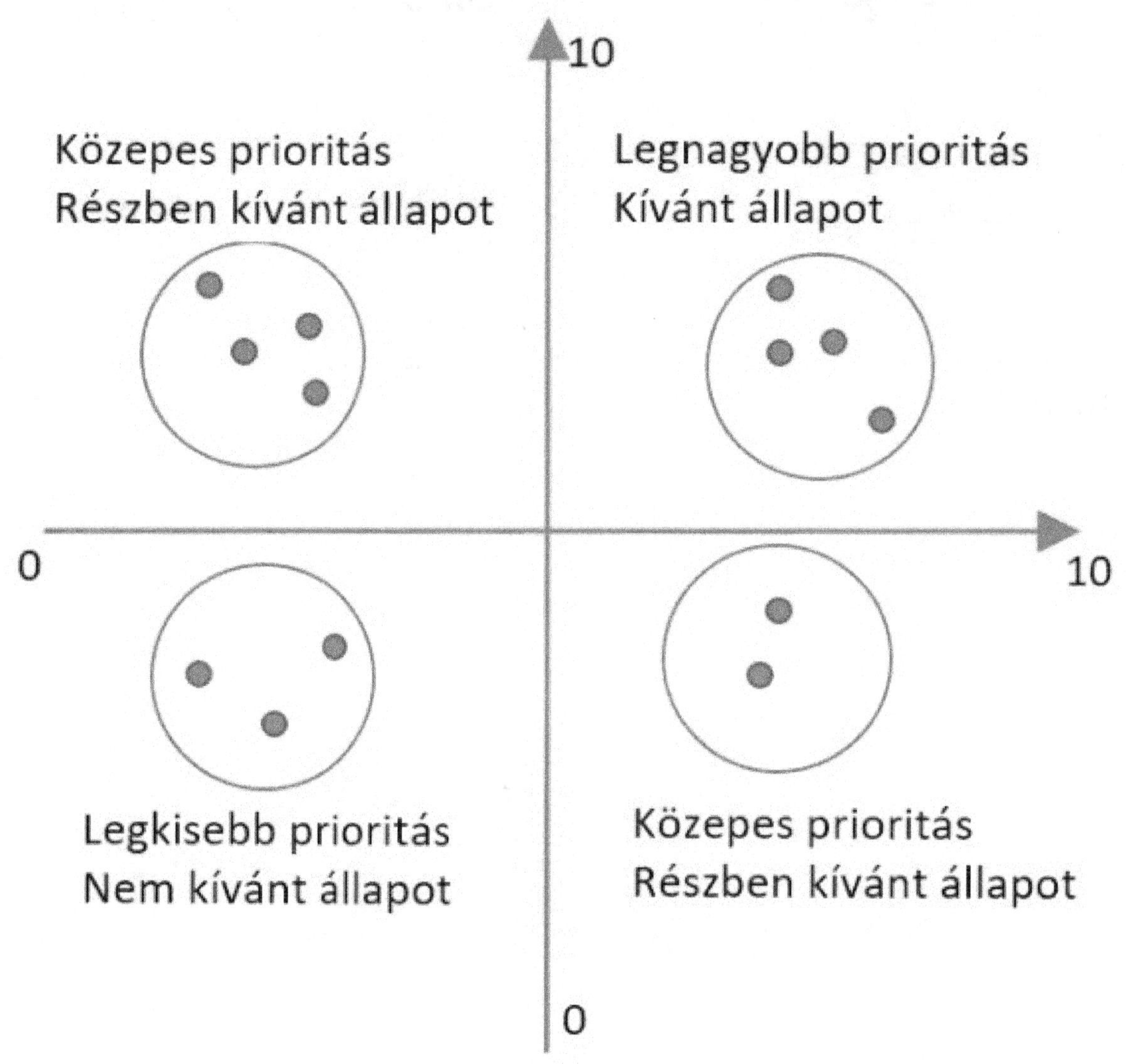

12. ábra. Az MDAC elvi ábrája

Egy harmadik tulajdonság szerint ezeket klaszterekbe is csoportosíthatjuk és ilyen esetben előfordulhat, hogy egy klaszterben különböző tulajdonságú elemek is vannak. Erre mutat példát az alábbi ábra.

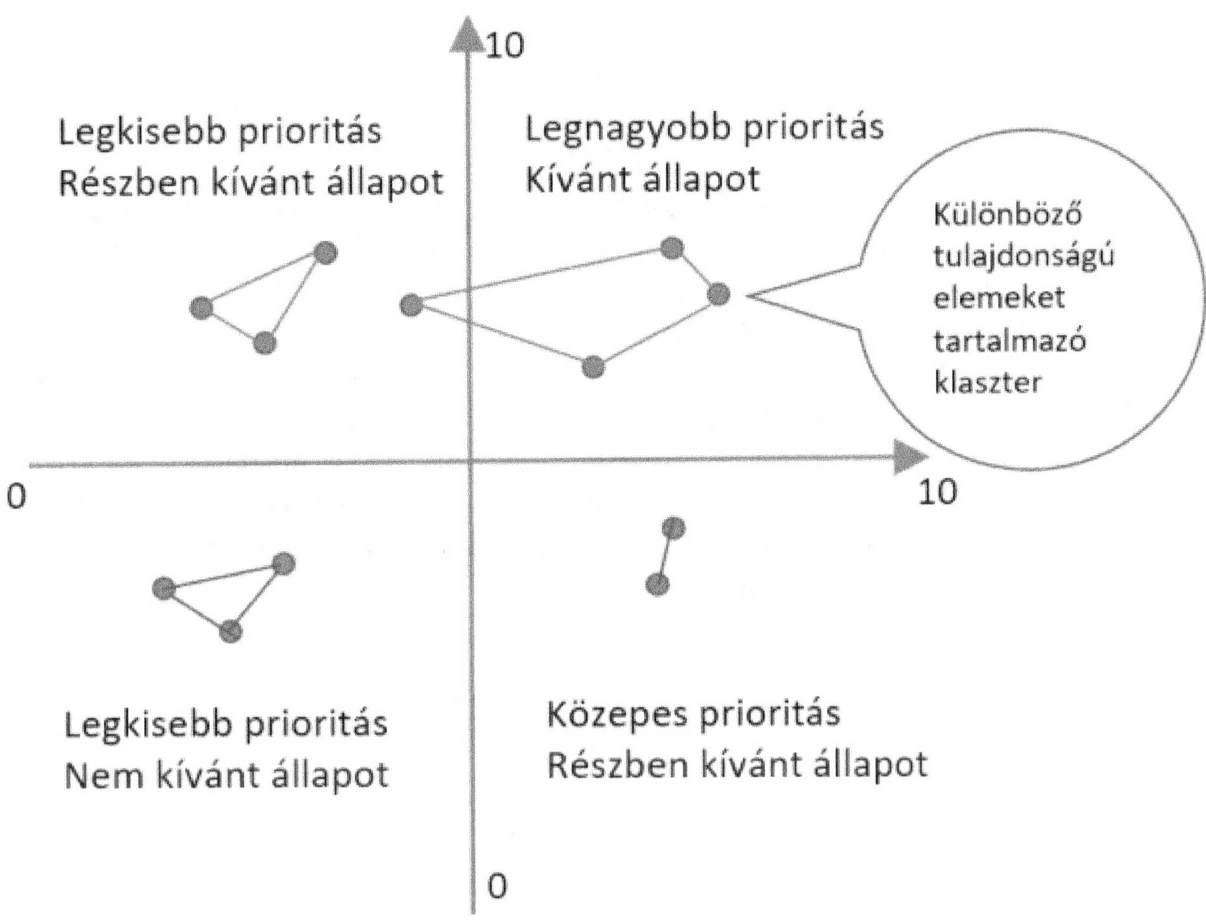

13. ábra. Egy klaszter az MDAC mátrixban

Alkalmazási területei

Piackutatás a termékek vagy szolgáltatások tulajdonságaira alapozva.

Termék-, szolgáltatás fejlesztés azok fő tulajdonságai alapján.

Feladatok megoldási prioritásának meghatározása a feladat fontossága és erőforrás igénye/sürgőssége alapján.

Termék stratégia elemzés a BCG mátrix segítségével.

A nyolc lépéses problémamegoldás probléma megfogalmazás (célkitűzés), javító intézkedés megtervezése és javító tevékenység bevezetése lépéseinél.

Módszer

Elkészítése 4 egyszerű lépésből áll.

1. Válassza ki a vizsgált témák 2 fő tulajdonságát!
2. Pontozza a vizsgált téma elemeit 1-10-es skálán!
3. A pontoknak megfelelő x-y koordinátákhoz tegyen pl. pontokat!
4. Jelölje a berajzolt pontokat számmal vagy az elem nevével!

Példák

- Egy szőlőültetvény, amelynek célja a borai minőségének állandóságának növelése, a „minőségi besorolást" méri, valamint számos egyéb tényezőt, például szőlőt, adalékanyagokat, tárolást stb. Ezután MDAC-k segítségével izolálja a hozzájáruló tényezők csoportjait a legjobb boraihoz.
- Egy gyógyszergyár vizsgálja fájdalomcsillapító gyógyszereit a termékköltség és az általános hatékonyság szempontjából. Azok a termékek, amelyek költsége magas, de nem a legnagyobb hatékonyságú, kimarad. Az alacsony költségű, ésszerű hatékonyságú gyógyszereket népszerűsítik, és a magas költségű gyógyszerek esetében projekt indul a gyártási költségek csökkentésére.
- A gyártási egység, amely alternatív anyagokat keres egy tartósabb hajtóműház megépítéséhez, összehasonlítja a rendelkezésre álló anyagok főbb jellemzőit a költségek és a tartósság alapján.
- Egy játékbolt célja az volt, hogy növelje az eladásokat, miközben növelje vásárlói elégedettségét az általa értékesített játékokkal. Ennek részeként egy piackutató céget alkalmazott, hogy mérje az 5-10 éves fiúknak szánt játékok kezdeti vonzerejét, (amely a tényleges vásárlással kapcsolatos), valamint a hosszabb távú elégedettségét (amely a cég imázsához kapcsolódott).

[16, 17]

4. A mátrixok

A mátrixok és mátrixműveletek elvont matematikai fogalmak, ennek ellenére számos ágazatban fontos szerepet játszanak, és különösen figyelemre méltó alkalmazás az üzleti életben. A numerikus adatokat rácsszerű, téglalap alakú struktúrában ábrázoló mátrixok lehetővé teszik a többváltozós adatok hatékony kezelését és megjelenítését, ami általános követelmény az üzleti tevékenységekben. . Az alábbiakban bemutatom a mátrixok különféle üzleti alkalmazásait.

Készletkezelés

A mátrixok segítenek leegyszerűsíteni a rengeteg termék több helyen történő kezelésének folyamatát. Például a Zara , a világszerte ismert divatárusító, mátrixokat használ üzletei készleteinek kezelésére világszerte. Minden terméktípust egy sor, minden üzletet egy oszlop képviselhet. A sor és egy oszlop metszéspontjában lévő elem ezután jelzi az adott termék mennyiségét a megfelelő üzletben. Ezen mátrixok alapján könnyen nyomon követhetik a készletszinteket.

Pénzügyi elemzés

A vállalkozások mátrixokat használnak az összetett pénzügyi számítások egyszerűsítésére. Például mátrixokat használhatnak a különböző pénzügyi változók időbeli nyomon követésére és a trendek észlelésére. A mátrixokkal a vállalkozások arányelemzést, varianciaanalízist és pénzügyi előrejelzést végezhetnek. Például a Citigroup , a multinacionális befektetési bank, mátrixokat használ a pénzügyi modellezésben és előrejelzésben. A különböző befektetési portfóliók soronként, a különböző pénzügyi paraméterek (például ROI, kockázati tényezők, növekedési ütem) oszlopokként ábrázolhatók. Ezen mátrixokkal az elemzők különböző piaci feltételeket szimulálhatnak, és előre jelezhetik a portfólió teljesítményét.

Adatelemzés- és megjelenítés

A mátrixok használhatók piackutatásból, vásárlói visszajelzésekből vagy más forrásokból gyűjtött adatok strukturálására. Az adatok mátrixokba rendezésével a vállalkozások hatékonyabban elemezhetik azokat, értékes betekintést nyerhetnek, és összetett adatkapcsolatokat is megjeleníthetnek. Erre a célra jól használható az Excel Adatelemzés (Pivot table) funkciója.

Kockázatkezelés

A vállalkozások gyakran használnak kockázati mátrixokat a potenciális kockázatok értékelésére és kezelésére. A kockázati mátrix módot ad a kockázat súlyosságának kiszámítására, figyelembe véve a kockázat valószínűségét és lehetséges hatását. Ez segít a kockázatok rangsorolásában és a legjelentősebbekre való összpontosításban. Az Exxon Mobil nemzetközi olaj- és gázipari vállalat például kockázati mátrixokat alkalmaz a lehetséges működési és pénzügyi kockázatok felmérésére. Ha ezeket a kockázatokat valószínűségük és potenciális hatásuk alapján feltérképezi egy mátrixon, a vállalat megjelenítheti a kockázati környezetet, és hatékonyan irányíthatja a kockázatkezelési erőfeszítéseket.

Gyártástervezés és hatékonyság

A gyártástervezés során mátrixokat használnak a hatékonyság maximalizálása és a költségek minimalizálása érdekében. Segítenek kiszámítani a termeléshez szükséges ráfordítások optimális keverékét, hogy minimális költséggel maximális teljesítményt érjenek el.

[27]

5. Mátrixok a menedzsment gyakorlatban

5.1. A mátrixdiagram elkészítésének 6 lépése

1. lépés

El kell dönteni, hogy milyen célból készül a diagram. Ehhez tudni kell, hogy milyen csoportok között, milyen kapcsolatokat vizsgálunk.

2. lépés

Ha teammunkában történik a mátrixdiagram készítése, ki kell jelölni a teamtagokat. Ennek során a vizsgálandó témákhoz jól értő munkatársakra van szükség.

Ha a mátrixdiagram készítése egyénileg történik, ez a lépés kimarad.

3. lépés

A vizsgálandó csoportok számától függően ki kell választani a mátrix típusát.

4. lépés

Meg kell határozni az egyes csoportok elemeit, mindegyikről készüljön egy lista.

Az egyes csoportok elemeinek meghatározásánál Fa diagram is használható. Ez akkor javasolt, ha a csoport nagyon összetett, kibontás bonyolult. Ennek elvét mutatja az alábbi ábra. Konkrét példát mutat a 46. ábra.

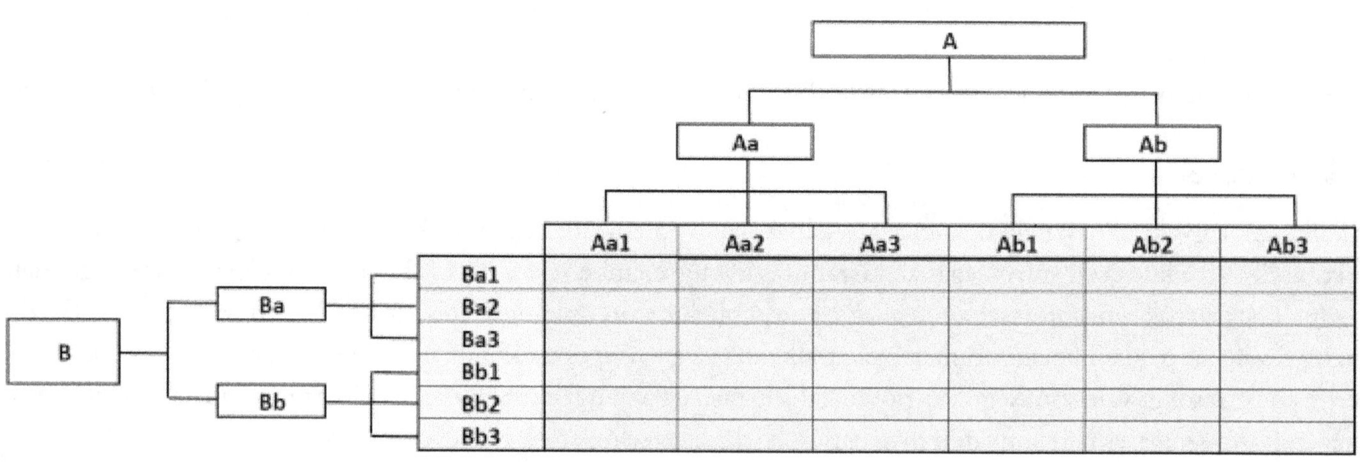

14. ábra. Fa diagram használata a csoport elemeinek meghatározásánál

A Hét új eszköz egy másik módszeréről, a Fa diagramról a 3. sz mellékletben írok részletesebben.

5. lépés

Rajzoljuk fel az üres diagramot, vagy készítsünk erre egy Excel vagy Google Sheet táblázatot. Írjuk be a csoportok listáit. Határozzuk meg a szimbólumokat.

Maximum 4 szimbólumot célszerű használni a csoportok elemei közötti kapcsolatok jelölésére. Ezek a szimbólumok tetszőlegesek lehetnek. A szimbólumokhoz rendelt értékek 1 és 9 között legyenek. Gyakran használt értékek: 1, 3, 9 vagy 1, 3, 5. A szimbólumok helyett közvetlenül a számok is használhatók. Gyakran használják a világos és sötét körökbe írt számokat: ①③⑤, ❶❺❾. Az alábbi ábra jó példa arra, hogy a cél érdekében a mátrixdiagramot további sorokkal, információkkal, szimbólumokkal láthatjuk el.

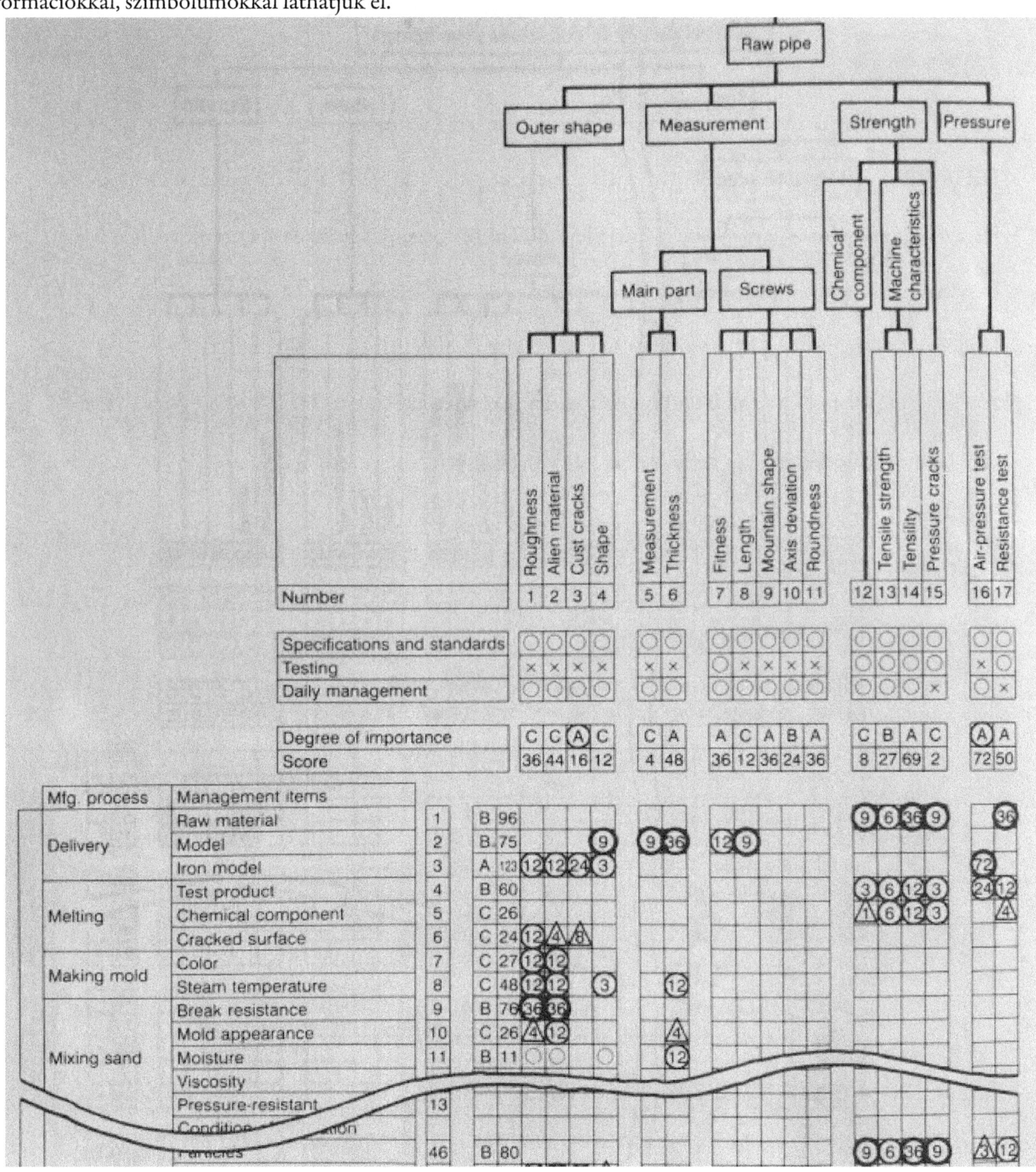

15. ábra. Egy bonyolult mátrixdiagram [21]

Teammunkában határozzuk meg a kapcsolatokat. Mindenki véleményét hallgassuk meg és próbáljunk konszenzust elérni.

6. lépés

A kapcsolatok alapján vonjuk le a következtetéseket. Ezek meghatározása legyen tényszerű és egyértelmű, hiszen ezek lesznek a fejlesztések kiinduló pontjai.

5.2. A mátrix adatelemzés lépései

A mátrix adatelemzési diagram létrehozásának folyamata a következő lépésekből áll:

1. Döntse el azt a két tényezőt, amelyek összefüggéseit elemezni kívánja.

2. Határozza meg, hogy mely elemekre (termék, projekt, cég stb.) kívánja alkalmazni a mátrix adatelemzést.

3. Ha szükséges, határozza meg a két tényező jellemzőit (ha szükséges, a jellemzők súlyarányát is).

4. Készítsen táblázatot a két tényező összes jellemzőjére.

5. Pontozza az elemeket vagy jellemzőket (a jellemzők átlaga lehet pl. az elem pontszáma).

6. Az elemeket (valamilyen szimbólumként) helyezzen el a mátrixban.

7. Adjon címet a diagramnak és nevet a mátrix egyes területeinek.

Nézzünk erre egy példát.

1. Cég szervezeti jellemzőit két tényezőn keresztül vizsgájuk. Ezek az innováció és szabályozottság.

2. Négy céget vizsgálunk, ezek: Cég1, Cég 2, Cég3, Cég4

3. A tényezők jellemzői: innováció: ötletek száma, ötletek újdonsága; szabályozottság: cég életkora, szabályzatok száma.

4.

	Innováció			Szabályozottság		
	Ötletek száma	Ötletek újdonsága	Átl.	Cég életkora	Szabályzatok száma	Átl.
Cég1	7	8	7,5	2	3	2,5
Cég2	9	7	8	10	10	10
Cég3	2	4	3	1	1	1
Cég4	1	3	2	6	8	7

2. táblázat. A mátrix adatelemzés 4. lépése

Pontozás 1: kevés, 10: sok (A példában súlyozást nem alkalmaztam.)
5. és 7.

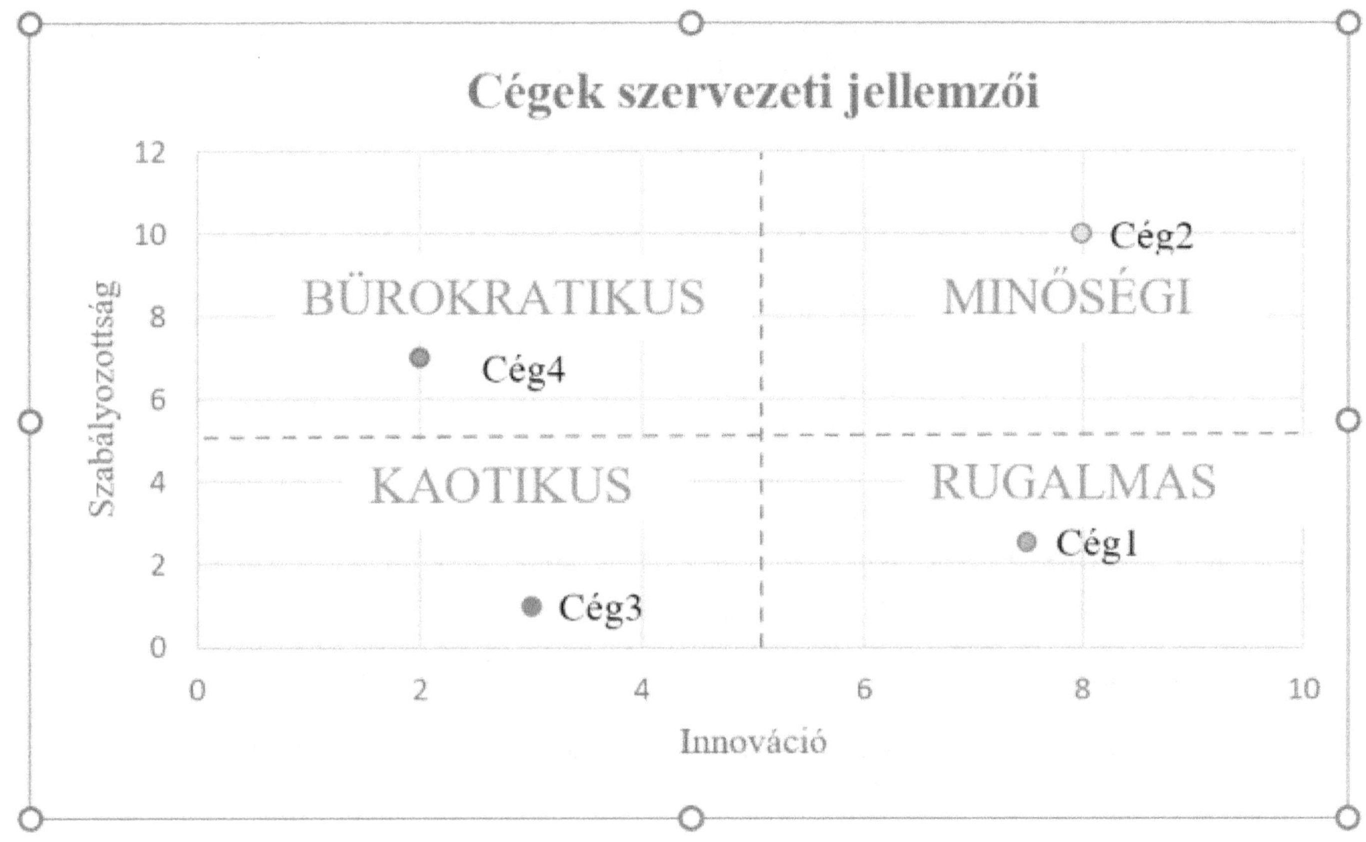

16. ábra. Példa a mátrix adatelemzésre

5.3. A mátrixmatematika alkalmazása

A matematikában a mátrix a számok, függvények, kifejezések, vagy egyéb elemek, esetleg más mátrixok téglalap alakú elrendezése, táblázata.

A mátrixokkal az algebrához hasonló műveletek végezhetők, amely a lineáris algebra tárgya és amelyek alkalmazási területe rendkívül széles, a fizikától és komputergrafikától kezdve a biológián át egészen a nyelvészetig, számtalan tudományágban használhatóak akár az elméleti leírás tömör megfogalmazására, akár a számítások megkönnyítésére vagy automatizálására. Így az üzleti életben, a menedzserek eszköztárában is szerepet kaptak.

Egy mátrix méreteit a sorok és oszlopok száma írja le. Így például egy 3 sorból és 4 oszlopból álló mátrixot „3 x 4" mátrixnak nevezünk. A megértéshez tekintsük meg az alábbi „3 x 4" mátrixot, amely azt mutatja, hogy egy autószalon hány VW típust adott el egy év negyedéveiben.

$$
\begin{array}{cccc}
\textit{1. né.} & \textit{2. né.} & \textit{3. né.} & \textit{4. né.}
\end{array}
$$

$$
\begin{array}{l}
\textit{Polo} \\
\textit{Golf} \\
\textit{Passat}
\end{array}
\begin{bmatrix}
20 & 25 & 22 & 20 \\
10 & 20 & 18 & 10 \\
15 & 20 & 15 & 15
\end{bmatrix}
$$

17. ábra. Egy numerikus adatokat tartalmazó mátrix

A mátrixokat különféle műveleteknek vethetjük alá, beleértve az összeadást, kivonást, szorzást, transzponálást (a mátrix átfordítása az átlóján keresztül), és a determináns megtalálását (egy négyzetmátrix elemeiből számított konkrét érték). E műveletek megértése elengedhetetlen a mátrixok üzleti kontextusban való kihasználásához.

Az alábbi ábra azt mutatja, hogy a példánkban szereplő autószalon 2021. és 2022. évben negyedévenkén eladott típusok mátrixaiból hogyan számolható ki a két év negyedévenkénti összes eladása.

$$
\begin{array}{ccc}
2021 & 2022 & \text{Összesen} \\
\begin{bmatrix} 20 & 25 & 22 & 20 \\ 10 & 20 & 18 & 10 \\ 15 & 20 & 15 & 15 \end{bmatrix} + & \begin{bmatrix} 10 & 15 & 20 & 20 \\ 5 & 20 & 18 & 10 \\ 8 & 30 & 15 & 10 \end{bmatrix} = & \begin{bmatrix} 30 & 40 & 42 & 40 \\ 15 & 40 & 33 & 40 \\ 23 & 50 & 30 & 25 \end{bmatrix}
\end{array}
$$

18. ábra. Példa a mátrixok összeadására

A mátrixokkal lineáris egyenletrenszereket is megoldhatunk. A 3 vagy több ismeretlenes egyenletrendszerek megoldására a legismertebb módszer, a Gauss-Jordan elimináció, amelynek lépési a következők:

1. Cserélje fel a sorokat úgy, hogy az összes nulla bejegyzést tartalmazó sor alul legyen,

2. Cserélje fel a sorokat úgy, hogy a legnagyobb, bal szélső, nullától eltérő bejegyzést tartalmazó sor kerüljön felülre.

3. Szorozzuk meg a felső sort skalárral úgy, hogy a felső sor kezdő bejegyzése 1 legyen.

4. Adja hozzá/vonja ki a felső sor többszörösét a többi sorhoz úgy, hogy a felső sor kezdő bejegyzését tartalmazó oszlop összes többi bejegyzése nulla legyen.

5. Ismételje meg a 2–4. lépéseket a következő bal szélső, nullától eltérő bejegyzéshez, amíg az összes kezdő bejegyzés 1 lesz.

6. Cserélje fel a sorokat úgy, hogy minden nem nulla sor kezdő bejegyzése a felette lévő sor kezdő bejegyzésétől jobbra legyen.

Ezeket a lépéseket használom a későbbiekben bemutatott példáknál.

Az Interneten kutatva azonban megtaláltam Mátrix Reshish[1] ingyenes oldalt, amely az egyszerű és komoly mátrixműveleteket online elvégzi. Meg kell adni a mátrix méretét, utána a mátrix adatait. A megoldás részletesen mutatja az elvégzett műveletek lépéseit és a végeredményt.

Az üzleti élet nagyon sok területén használnak nagy adatbázisokon mátrixműveletekkel támogatott tervező, elemző eszközöket, például az értékesítés, a gyártás, a készletgazdálkodás, a pénzügy területei jöhetnek szóba. A következő fejezetben bemutatok pár példát az alkalmazásokra. A példákban a mátrixok leírásában a szögletes zárójel helyett függőleges vonalat fogok használni.

---

1.   https://matrix.reshish.com/

5.4. Példák

Stratégia tervezés

A stratégia tervezés példáit egy vasúti és ipari hajtóműgyártó adatain keresztül mutatom be.

A következő ábra egy Anhoff mátrix[2], amely a mátrix adatelemzés egyik megvalósulása és arra szolgál, hogy a jelenlegi (régi) és új termékek, valamint a jelenlegi (régi) és új piacoktól függően milyen stratégiát alkalmazzunk.

A cég régi termékei (a H82 hidrodinamikus sebességváltó, a BZ motorvonat hajtómű és a HM612-es sebességváltó esetében a régi piacokat (volt Szovjetúnió és Magyarország) maximálisan ki kell aknázni és erre kell stratégiát kidolgozni, amely például költségcsökkentésen keresztüli árcsökkentés lehet. A HKB412 hidrodinamikus sebességváltót új termékként a régi piacra (Magyarország) termékfejlesztési stratégiával (padlóalatti elhelyezés), míg ugyanezt a terméket és a kerékagy hajtóművet a német (új) piacra diverzifikációs stratégiával kell bevezetni. Ennek legfontosabb eleme, a vertikális integráció, amely versenyelőnyt biztosít az ár és szállítási feltételek viszonylatában. Végül a Radicon hajtóművekre (amely importból származik és új termék, a piac régi, mert a cég ipari hajtóműveket is gyárt) piacfejlesztési stratégiát célszerű alkalmazni (ezt segíti az egyedülálló, szabadalmaztatott megoldás, amely kedvező árat biztosít).

	Termék			Piac		
	Termék életkora	Saját fejlesztés	Összes pontszám	Piaci jelenlét ideje	Termékek száma a piacon	Összes pontszám
Kerékagy hajtómű	1	1	2	1	1	2
HKB 412	1	1	2	1	1	2
HKB 412	1	1	2	5	5	10
BZ hajtómű	2	1	3	5	5	10
H82	3	1	4	5	5	10
HM612	5	1	6	5	5	10
Radicon hajtóművek	5	5	10	5	5	10

Életkor	kevés: 1	sok: 5
Saját fejlesztés	licenc: 5	teljesen saját: 1
Termékek száma a piacon	kevés: 1	sok: 5
Piaci jelenlét bideje	kevés: 1	sok: 5

3. táblázat. Anhoff termék-piac stratégiai mátrix táblázata

---

2.   *https://marketingblogger.hu/ansoff-matrix/*

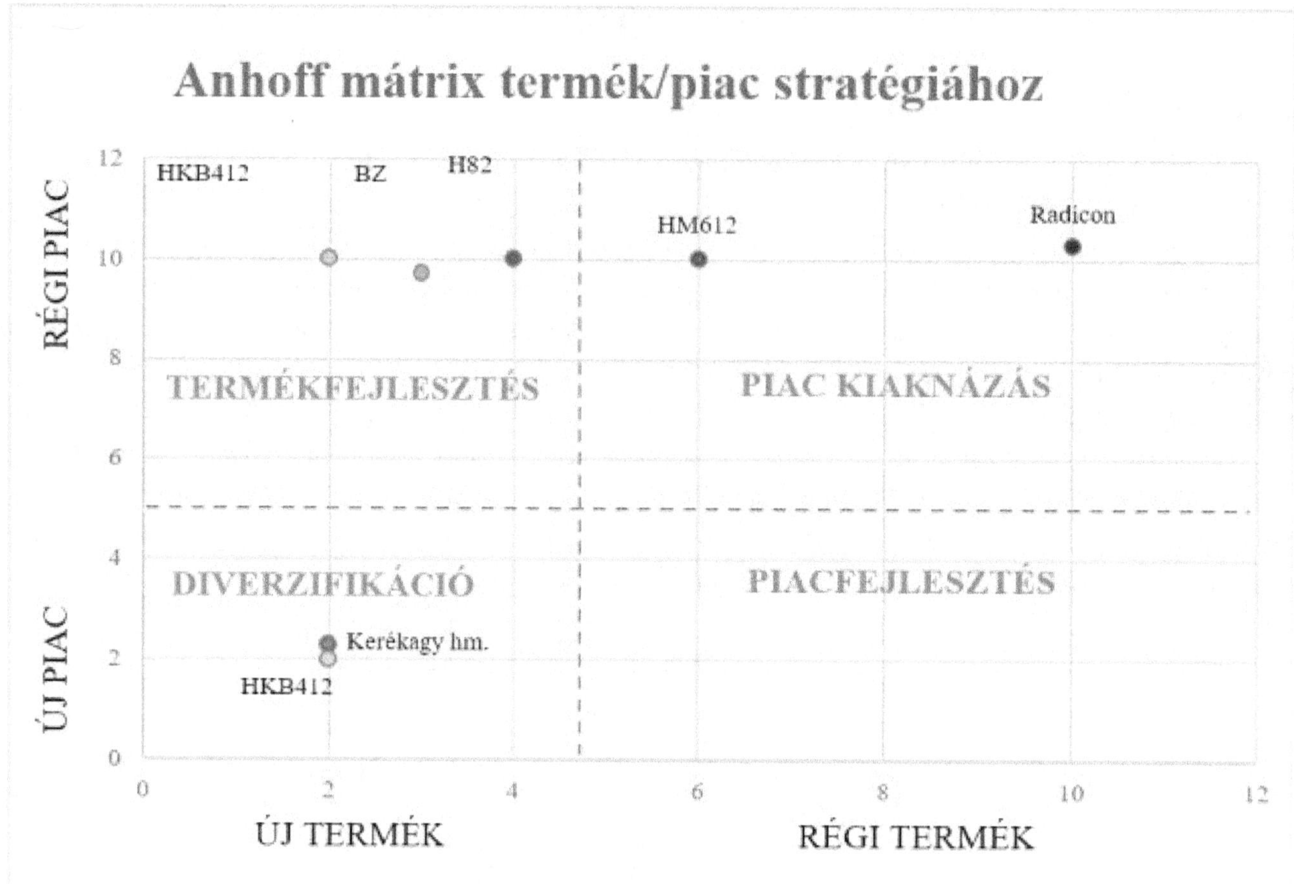

19. ábra. Anhoff mátrix a hajtóművek értékesítési stratégiájához

A következő példa a BCG mátrix alkalmazására vonatkozik, amely a <u>Boston Consulting Group</u> által 1968-ban kidolgozott népszerű stratégiai eszköz, amely a termékek piaci részesedését és piaci növekedését vizsgálja. Ez a módszer lehetővé teszi, hogy értékeljék termékeik helyzetét a piacon, és meghatározzák, melyek azok, amelyek a legnagyobb potenciállal rendelkeznek. A BCG mátrix segít az erőforrások hatékonyabb felhasználásában és a stratégiai döntések meghozatalában.Példánk a vasúti hajtóműgyártó előbbiekben bemutatott termékeinek BCG mátrixa.

Termékek	Forgalom (e Ft vagy mFt vagy mrd Ft)	Piaci részesedés (%)	Legnagyobb versenytárs piaci	Relatív piaci részesedés (%)	Piaci növekedés (%)
Kerékagy hm.	10	10%	20%	50%	10%
HKB 412	40	10%	20%	50%	20%
BZ hm.	40	50%	10%	500%	3%
H82	500	50%	15%	333%	15%
HM612	70	50%	15%	333%	4%
Radicon hm.	80	10%	30%	33%	13%
Tartalékalk.	300	50%	20%	250%	1%

4. táblázat. BCG mátrix táblázata

A fenti táblázat mutatja a termékek árbevételét, piaci részesedését és a piac növekedését. A relatív piaci részesedéshez kiszámításához szükség van a legnagyobb versenytárs részesedésére is.

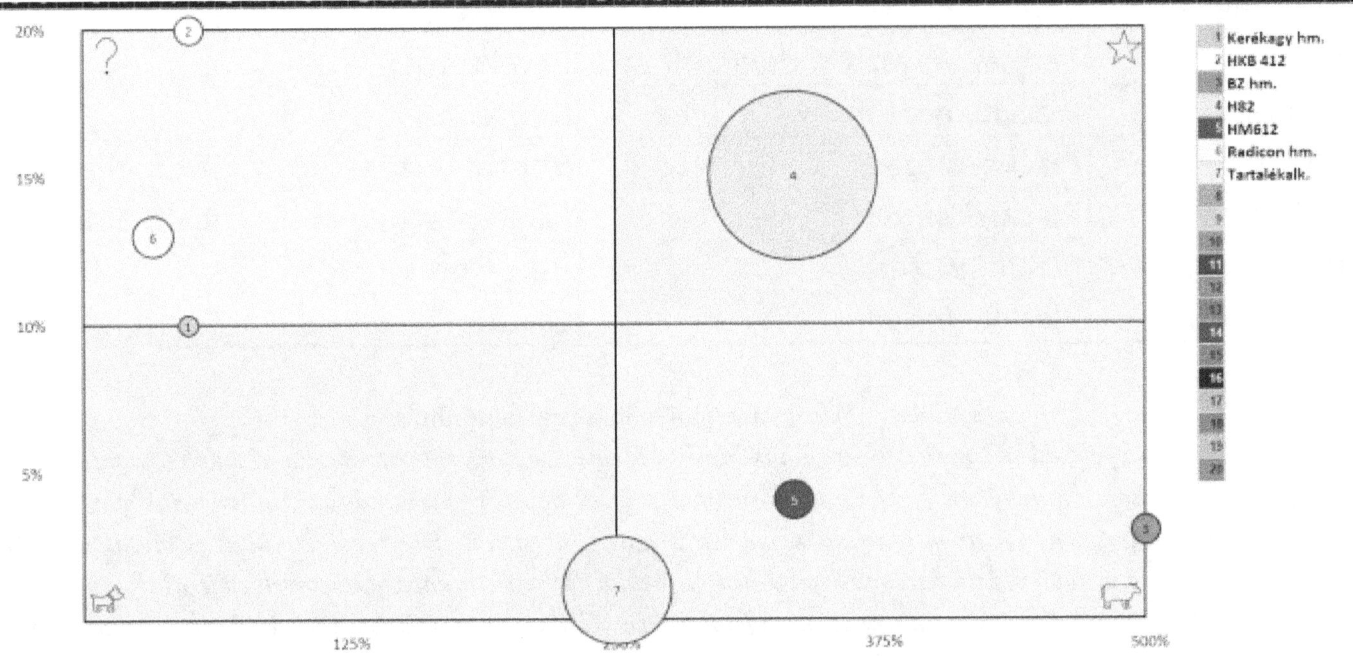

20. ábra. Példánkban szereplő BCG mátrix

Színesben a kép:

A mátrix négy mezővel rendelkezik. A Kérdőjel területen azok a termékek jelennek meg, amelyek piaci részesedése alacsony, de a piaci növekedés magas. Ezért érdemes további befektetéseket alkalmazni. A Csillag terület esetén mindkét tényező magas. Ezek a Sztár termékek és a stratégiai cél az, hogy fejős tehenekké váljanak, ezért szintentartás vagy további növekedés a stratégia. A Fejős tehén az a termék, amelynek nagy a piaci részesedése, de a piaci növekedés alacsony. Ez a termék hozza a termékfejlesztéshez és marketinghez szükséges nyereséget, ezért itt is a szintentartás és a profitmaximalizálás a helyes stratégia. A Döglött kutya esetén mindkét piaci tényező alacsony. Itt a kivezetés, visszavonulás stratégiát célszerű alkalmazni, ha nem áll fent a konkurencia monopolhelyzetbe hozásának veszélye.

A mezőkben az árbevétel nagyságával arányos átmérőjűkörök jelzik a termékeket. Ezek különböző színűek és sorszámmal jelöltek. A mátrix jobb oldalán található táblázat segítségével azonosíthatók az egyes körök.

Ha most összehasonlítjuk a termékekre alkalmazandó stratégiákat az Anhoff és BCG mátrix szerint, akkor a következőket kapjuk. A termékekre vonatkozó stratégiák megfelelnek egymásnak.

	Anhoff mátrix	BCG mátrix
Kerékagy hm.	Diverzifikáció	Befektetés
HKB 412	Termékfejlesztés, diverzifikáció	Befektetés
BZ hm.	Piackiaknázás	Szintentartás
H82	Piackiaknázás	Szintentartás, profit maximalizálás
HM612	Piackiaknázás	Szintentartás, profit maximalizálás
Radicon hm.	Piacfejlesztés	Befektetés
Tartalékalk.	Piackiaknázás	Szintentartás

5. táblázat. A két stratégiai mátrix összehasonlítása

Az alábbi ábra az előbbi példákban ismertetett stratégiák Hashin Kanri X mátrixát tartalmazza. A valóban létezett küldetés (melyet annakidején csoportmunkában fogalmaztunk meg) a mátrix közepére kerül. A hosszútávú célok megvalósítását szolgáló stratégia tartalmazza az Anhoff mátrixban meghatározott stratégiákat. Ezek éves feladatai és mutatószám céljai kerülnek a mátrix felső és jobb oldali részébe. A jobb alsó sarokban láthatók a kapcsolat korrelációit jelző szimbólumok. Ezek alapján áttekinthetők a kapcsolatok a stratégiai céloktól az éves feladatok mutatószámaiig. A 22. ábra a mutatószámok alakulásának nyomon követésére készült táblázatot mutatja.

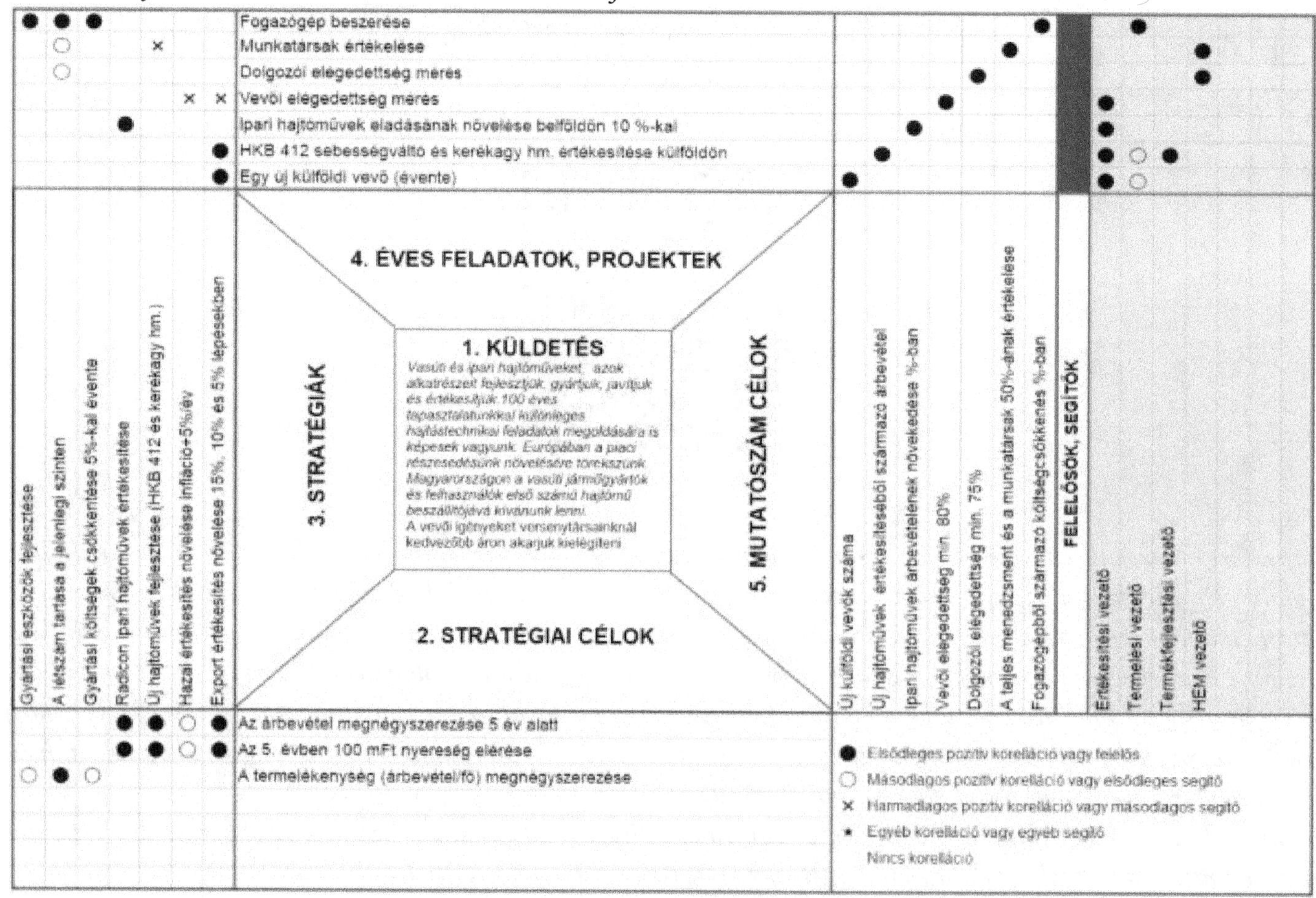

21. ábra. Hoshin Kanri mátrix egy vasúti hajtóműgyártó cég stratégiájának lebontására

Feladat	Felelős	Mutatószám	Egység	Kiinduló	Cél	Március	Június	December
Évente 1 új külföldi vevő	Értékesítési v.	Új külföldi vevők száma	db	0	1			1
HKB 412 sebváló és kerékagy hajtómű értékesítése külföldön	Termékfejl. v.	Árbevétel az új termékekből	mFt	0	10	1	2	
Ipari hajtóművek eladásának növelése 10%-kal belföldön	Értékesítési v.	Árbevétel növekedés %-ban	%	0	5			10
Vevői elégedettség mérés	Értékesítési v.	Min. 80%	%	78	80			80
Dolgozói elégedettség mérés	HEM v.	Min. 75%	%	73	75			75
Munkatársak értékelése	HEM v.	Menedzsment 100%-a, Munkatársak 50%-a	%	0	50		Menedzsment 100%-a, Munkatársak 50%-a	
Fogazógép beszerzése	Termelési v.	Költségcsökkenés %-ban	%	0	2		0,5	1

22. ábra. A mutatószámok megvalósításának havi terve

A fenti példából az értékesítés feladatainak további lebontását mutatja az alábbi ábra.

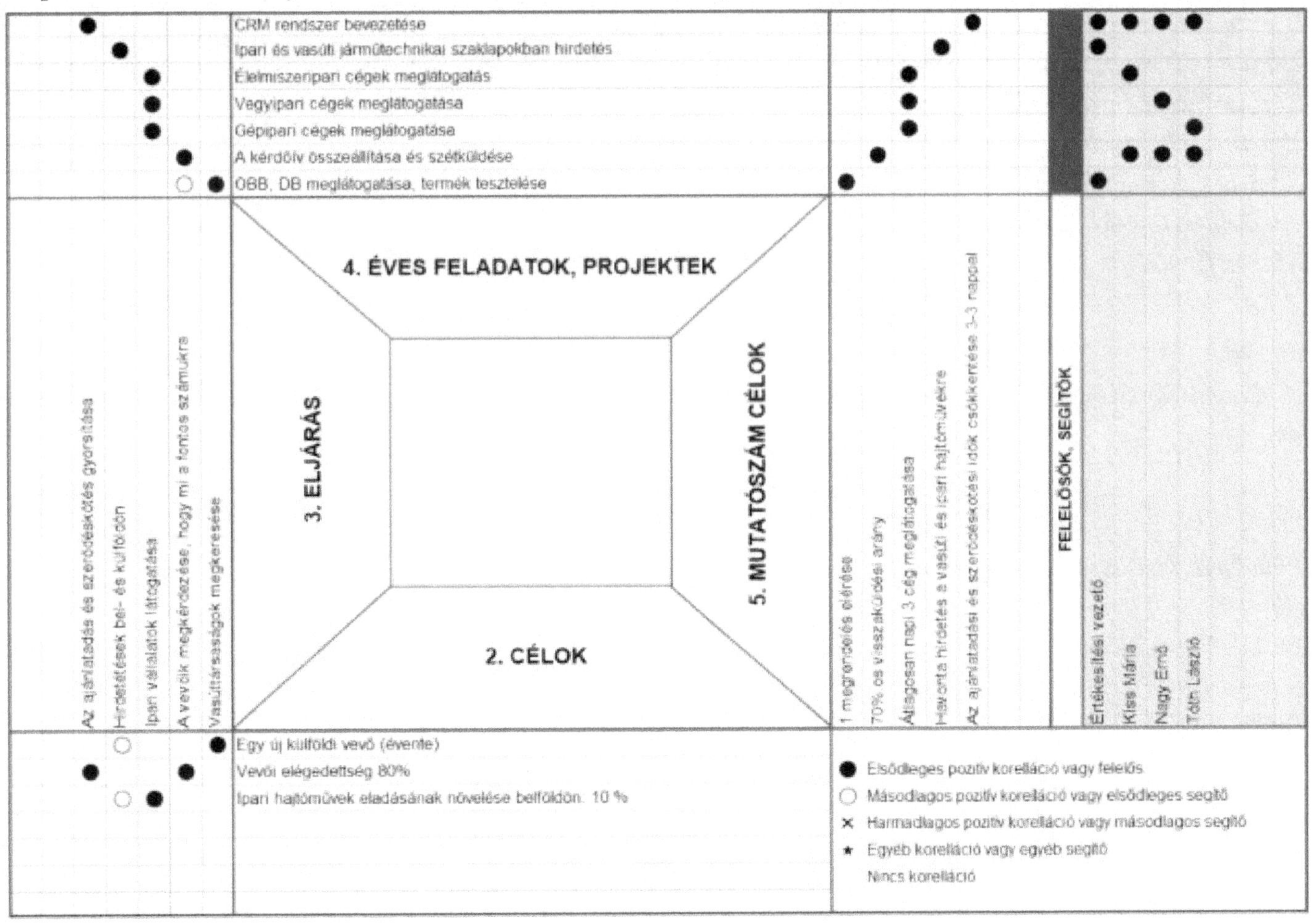

23. ábra. A 19. ábra stratégiájának lebontása az értékesítésre

Termékfejlesztés

Kapcsolat	
⊕	Erős
⊙	Közepes
○	Gyenge
	Nincs kapcsolat

Vevői igények (célok)	Megvalósítás eszközei						
	Hidrodinamikus	Mechanikus	Mikroprocesszoros	Al ötvözet ötvény	Kardáncsukló	Fogaskerekek	Csapágyak
Padló alatti elhelyezés (méret)	○						
Nagy indítónyomaték	⊕						
Kiváló hatásfok	⊕						
Hatékony fékezés	⊕						
Irányváltás		⊕				⊕	⊕
Elektronikus vezérlés			⊕				
Kardántengelyes csatlakozás					⊕		
Be- és kihajtótengely egyvonalban	○					⊙	
Kedvező súly				⊕		⊙	⊙
Hosszú élettartam						⊕	⊕

24. ábra. L-formájú mátrixdiagram a vevői igények megvalósításának vizsgálatára

A fenti ábrán egy vasúti hajtómű megvalósíthatóságának vizsgálata látható. A vevői igények jelentik a célokat és a megvalósítás eszközei jelennek meg a másik dimenzióban.

Marketing

Adott két piac (a és b), ahol két termék versenyez, melyeknek ára Áa és Áb. Milyen árak mellet van egyensúlyi állapot (a kereslet - ke és a kínálat -ki egyensúlya), ha azt az alábbi képletek jellemzik:

Xke(a)=82-3Áa+Áb Xki(a)=-5+15Áb

Xke(a)=92+2Áa-4Áb Xki(a)=-6+32Áb

Egyensúlyi helyzetben:

82-3Áa+Áb=-5+15Áb 18Áa+Ab=87

92+2Áa-4Áb=-6+32Áb 2Áa-36Áb=-98

Mátrix formában:

18 1   87

2 -36 -98

A második sor elemeit megszorozva -2/18-cal, majd az eredményeket levonva a 3. sor elemeiből, a következő mátrixokat kapjuk:

18   1   87

0 -36,11 -108

Ebből már kiszámolhatók az eredmények:

Áb=108/36,11=2,99

18Áa+2,99=87

Áa=84,1/18=4,66

[25]

Megoldása a Matrix Rashish[3] oldalon (a befektetés és hozam mFt-ban):

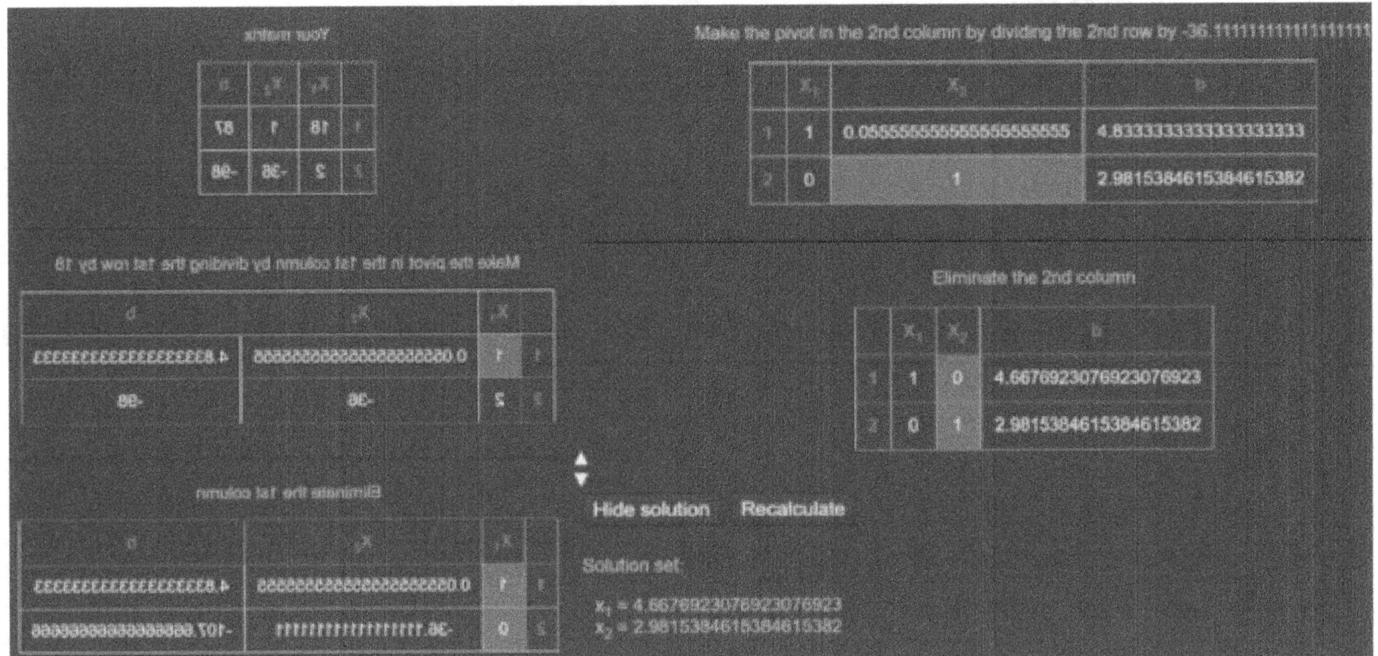

25. ábra. Gauss-Jordan elimináció [26]

Gyártás

A lean menedzsment egyik kedvelt mátrixdiagramja a Termék-folyamat mátrix (Product Process Matrix vagy rövidítve PPM). Ez egy L tipusú mátrix, ahol az egyik csoport a folyamat lépései (műveletei), a másik a termékek. A diagram megmutatja, hogy mely termékek használják ugyanazt a műveletet és ezzel lehetővé teszi a kapacitások számítását.

Egy kerámia gyárban különböző termékeket gyártanak a vázáktól, a kaspókon keresztül a szobrokig. A gyártás során a terméktől függ, hogy melyik műveleten esik át a gyártmány. Az alábbi diagramon ez látható. A műveletek termékenkénti anyag- és időszükséglete alapján kiszámolható az anyagszükséglet és az egyes műveletek kapacitásigénye is. [18]

Termékek	Heti db	Keverés	Melegítés	1 óra pihentetés	2 nap pihentetés	Zománcozás	Festés	Gravírozás	Kézi összeállítás	Összeépítés	Csomagolás	Szállítás
Kommersz váza	400	X	X	X				X			X	X
Klasszikus váza	200	X	X		X				A	X	X	X
Elegáns váza	100	X	X		X	X			A	X	X	X
Színpadi váza	20	X	X		X		X	X	A	X	X	X
Kis kaspó	500	X					X				X	X
Cemet kaspó	100	X					X				X	X
Gyepdísz	40	X	X		X			X	A	X		X
Szobor	30	X	X		X			X	X			X
Szökőkút	20	X	X		X			X	X			X

26. ábra. Egy kerámia gyár PPM mátrixa [18]

A gyártás kezdeti periódusában nagyon sok problémánk volt: nem tudtuk teljesíteni a napi egy teherkocsi elkészítését, kevés volt a hegesztő szakember, akadozott alapanyag ellátás, a kocsik átadásakor minőségi kifogásai voltak a vevőnek.

Összehívtam a vezetőket és a kulcsembereket. A következő kérdésre kellett kerek mondatokkal válaszolni: „Hogyan küszöböljük ki a teherkocsi gyártása során jelentkező problémákat?" A válaszokat Fa diagrammal strukturáltuk (a Fa diagramokról a 3. sz. mellékletben írok), majd pontoztuk az összegyűjtött feladatokat Fontosság (F) és Elérhetőség (E: a legkisebb erőforrásigénnyel a leggyorsabb megoldás) szerint. Az eredményt az alábbi táblázat mutatja.

SZ.	FELADAT	F	E
	Tovább kell javítanunk termékeink minőségét		
1	Javítani kell a gyártás minőségén	15	11
2	Tovább kell növelni a minőség iránti elkötelezettséget	12	12
3	Megfelelő minőségre kell emelni a Szerelde munkáját	11	13
	Magasabb szintre kell emelni a gyártáselőkészítést		
4	Több részegység összeállító munkahellyel ütemesebb gyártás	13	11
5	Jobb termeléselőkészítéssel ütemesebb gyártás	11	11
6	Javítani kell a technológiai előkészítést	11	7
	A humán tevékenység javítása		
7	Javítani kell a fizikai munkaerő kapacitást	7	5
8	Erősíteni kell a munkatársi kapcsolatokat	5	7
9	Jobb munkáért jobb anyagi és erkölcsi elismerést	8	14
	A gyártás eszközállományának és körülményeinek a javítása		
10	A gyártó berendezések javítása, cseréje	14	11
11	Gyártási segédeszközök biztosítása	11	7
12	Javítanunk kell az alkatrészek korrózióvédelmét	7	5
13	A műhelyek védettségének a javítása	5	8
14	Jobb munkahelyi környezet biztosítása	6	13
	Egyéb javító intézkedések		
15	A fejlesztés ésszerűsítése, koncentrálása	9	9
16	Több és jobb beszállítókat kell találjunk	10	7
17	A folyamatok és információ áramlás továbbfejlesztése	7	13

6. táblázat. A teherkocsi gyártás javításának feladatai és pontozása

Célszerű volt ezek közül a Legfontosabb és Legelérhetőbb feladatokat kiválasztani. Ehhez mátrix adatelemzést használtunk és úgy döntöttünk, hogy a 10-nél nagyobb Fontosságú és Elérhetőségű feladatokat választjuk. Az alábbi ábrán látható, hogy 6 feladat esett ebbe a tartományba. (Az ábrából látható, hogy a 6. sz. feladat a 4. és 5. feladattal egy klaszterbe tartozik, ezért célszerű volt a 6. sz. feladatot is felvenni a javítások közé.)

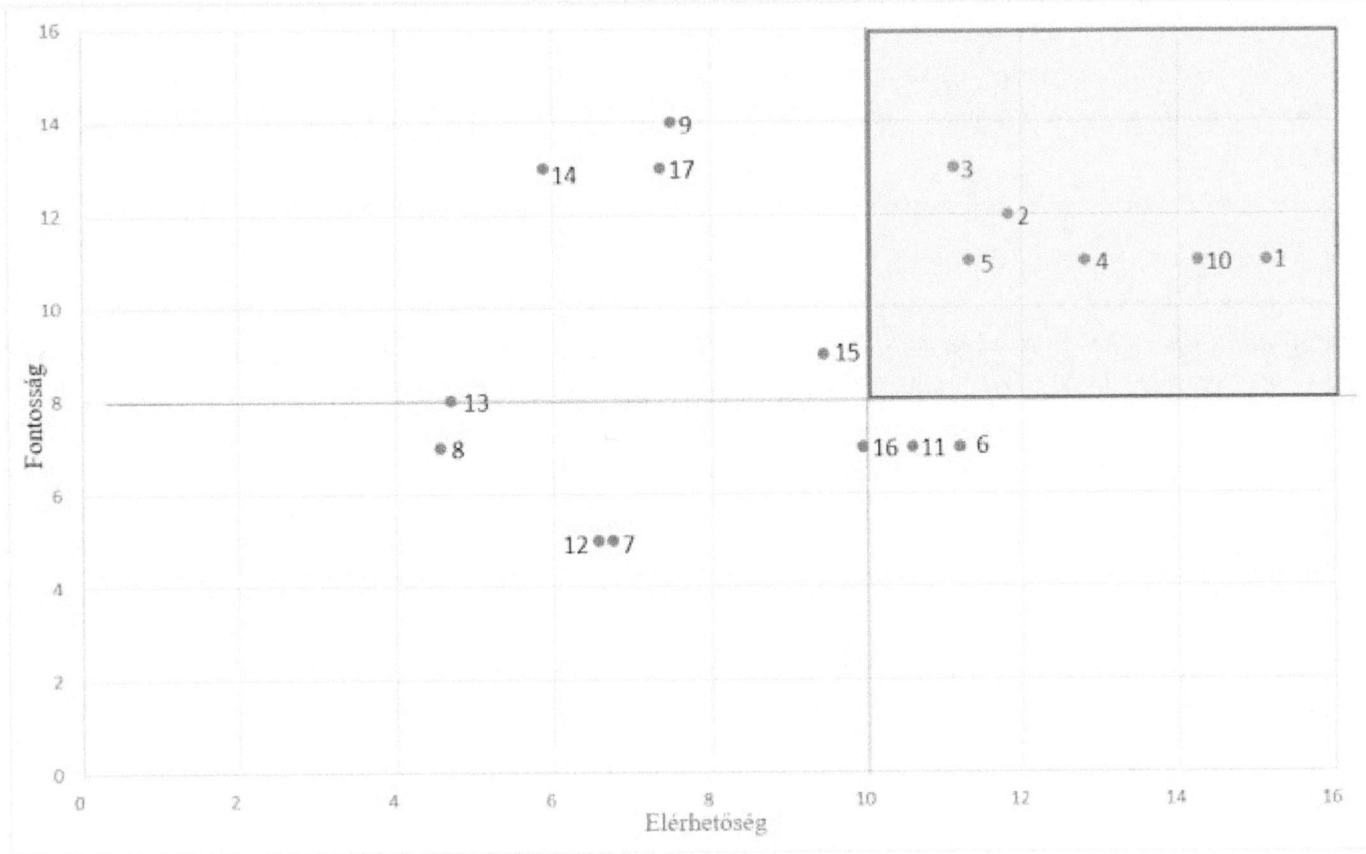

27. ábra. Feladatok priorizálása mátrix adatelemzéssel

A következő példában egy szükségletszámítást mutatok be mátrixok szorzásával.

Ebben a példában egy pékség napi alapanyag (összetevő) szükségletét határozzuk meg. Az első mátrix az 5 féle pékárú receptjeit tartalmazza, amelyek 6 fajta összetevőből állnak. A másik táblázat a pékárúk napi mennyiségét mutatja. A két mátrix szorzata adja a napi szükségletet. Ez a táblázat az 1. mátrix alatt található. [24]

Mennyiségi egység	Só	Cukor	Élesztő	Finomliszt	Tej	Tejföl	Napraforgó olaj	Burgonya
	g	g	g	g	dl	g	dkg	dkg
0,5 kg kenyér	8	1	25	500	0	0	0	0
Békebeli ropogós kifli	0,15	0	0,14	0,18	7,5	2,5	0	0
Vizes zsemle	0,35	0,25	0,14	0,38	0	0	0	0
Házi kenyér	0	0	20	500	0	0	30	0
Burgonyás kenyér	15	5	40	1000	0	0	0	30
Szükséglet	1700	425	7584	175168	2250	750	4500	1500

Mennyiség	0,5 kg kenyér	Békebeli ropogós kifli	Vizes zsemle	Házi kenyér	Burgonyás kenyér
	100	300	300	150	50

28. ábra. Pékség napi alapanyag szükségletszámítás mátrixok szorzásával

Ez az alkalmazás egy 30 x 30-as mátrix formájában magtalálható a webshopomban.[4]

---

4. https://www.tfodor.hu/szueksegletszamitas.html

Készletgazdálkodás

Egy autógyár 3 típusú tehergépkocsit gyárt (Gk1, Gk2, Gk3), amelyhez 3 fajta acélt használ A1, A2, A3). Az egyes gépkocsikhoz használt acél mennyiségét tonnában az alábbi táblázat mutatja.

Gk1 Gk2 Gk3

A1   2   3   4

A2   1   1   2

A3   3   2   1

A gyár kifuttatja ezeket a típusokat, az új típusokhoz más minőségű acélokat fog használni. A döntéskor a raktárkészlet: A1: 29 t, A2: 13 t, A3: 13t. Meg kell határozni a raktárkészletből gyártható tehergépkocsik számát.

Ezt a feladatot a lineáris egyenletek mátrixokra történő alkalmazásával lehet megoldani. Ha az x jelöli Gk1-böl, y a Gk2-ből és z a GK3-ból gyártható mennyiséget, a lineáris egyenletek a következők:

$2x+3y+4z = 29$

$x+y+2z=13$

$3x+2y+z=16$

Az egyenleteket mátrixokban ábrázolva:

2 3 4 29

1 1 2 13

3 2 1 16

A fenti egyenlet Gauss Jordan eliminációs módszerrel[5] oldható meg. (Aki nem ismeri a módszert és nem kívánja elsajátítani, keresse fel Gauss-Jordan Elimination Calculator (reshish.com)[6] weblapot, ahol az adatok beírása után a módszer végrehajtásra kerül.)

Első műveletként cseréljük fel az 1. és 2. sort:

1 1 2 13

2 3 4 29

3 2 1 16

Most a 2. sor elemeinek értékéből vonjuk ki az elő sor elemeinek értékét, majd a harmadik sorból az első sor elemeinek háromszorosát:

1 1 2 13

0 1 0 3

0 -1 -5 -23

Adjuk össze a 2. és 3. sor elemeinek értékét és írjuk be a 3. sorba:

1 1 2 13

0 1 0 3

0 0 -5 -20

Ebből már megoldható a feladat.

$x+y+2z=13$

$y=3$

---

5. https://hu.wikipedia.org/wiki/Gauss%E2%80%93Jordan-elimin%C3%A1ci%C3%B3

6. https://matrix.reshish.com/gauss-jordanElimination.php

-5z=-20, tehát z= 4

Behelyettesítve az 1. egyenletbe az y és z értékét:

x+3+8=13, tehát x=2

[24]

Humán erőforrás menedzsment

A következő ábra egy HEM eszköz, egy kompetencia mátrix, amely a tervezett továbbképzéseket mutatja. A mátrix megmutatja a névhez és beosztás jelenlegi kompetencia erősségét, a javításhoz szükséges továbbképzéseket, a továbbképzések tervezett létszámát és időpontját.

Kapcsolat	
⊕	Erős
◎	Közepes
○	Gyenge
	Nincs
+	Továbbképzés

	Kiss Károly értékesítési vezető	Fodor Éva marketing vezető	Nagy Gyula Termelés vezető	Gál Vera pénzügyi vezető	Molnár Tímea Számviteli vezetűő	Kovács Ferenc Vevőszolg. vezető	Jó András beruházási vezető	Sós János Logisztikai vezető	Összesen	Tanfolyam időpontja
Kompetencia										
Végzettség	⊕	⊕	⊕	⊕	⊕	⊕	○	⊕		
Lean menedzsment			○					○		
ISO 9001	◎		⊕			◎		◎		
On line marketing		○								
On line értékesítés	○									
Finanszírozási tudás				⊕			◎	○		
IFRS tudás				○	○					
Gyakorlati idő	⊕	◎	⊕	⊕	◎	◎	⊕	⊕		
Angol nyelv	⊕	⊕	◎	⊕	⊕	◎	◎	⊕		
Német nyelv	⊕	◎	○	◎	◎	◎	◎	◎		
Angol nyelvtanfolyam			+			+			2	2024.
Német nyelvtanfolyam		+		+	+	+		+	5	2024.
Lean menedzsm training			+					+	2	2024. március
ISO 9001 képzés	+					+		+	3	2024. február
Google tanfolyam	+	+							2	2024.
Finanszírozás továbbképzés				+			+	+	3	2024. május
IRFS tanfolyam				+	+					
Továbbképzés										

29. ábra: T mátrix a kompetenciák és továbbképzések tervezéséhez

Vevő menedzsment

Egy másik, a Lean menedzsmentből jól ismert mátrixdiagram a Vevő hangja mátrixdiagram (Voice of Customer Matrix Diagram), amely szintén egy L diagram. A bal oldali csoport a vevő hangját (kívánságát) három részben sorolja fel, ezek a Jobban, Gyorsabban, Olcsóbban. Ezeket további kívánságokra kell bontani és mindegyiknek egy fontossági számot (1-5) adni. A felső csoport funkciókat (feladatokat csoportosítja a következők szerint: Tervezés, Fejlesztés, Marketing/ Értékesítés, Szállítás, Vevőszolgálat. Ezek tovább bonthatók. Minden mátrix kereszteződést pontozni kell aszerint, hogy a vevő megelégedett hangjának milyen kapcsolata van a feladatokkal (a Hogyanokkal): Erős (4), Közepes (2), Gyenge (1). Ez a pontszám és a fontosság szorzata oszloponként összeadásra kerülnek. A legnagyobb összegű feladatokra kell koncentrálni.

Példánk annak a vasúti hajtómű gyárnak az életéből való, amelyre már bemutattam a Hoshin Kanri mátrix alapú stratégiát. A vevő hangját az értékesítők vevőkkel történt megbeszélései és a vevői elégedettség felmérésből nyerik.

Láható, hogy a cégnek a termékfejlesztésre és a marketing/értékesítésre fontos figyelni és erőforrásokat áldozni.

Kapcsolat

4	Erős
2	Közepes
1	Gyenge

			Fontosság	Tervezés			Fejlesztés			Marketing Értékesítés			Gyártás			Vevőszolgálat		
							Termék fejlesztés	Szolgáltatás fejlesztés		Hirdetések	Weboldal	Vásár	8 hónap			On line		
A vevő hangja	Jobb	Kisebb helyfoglalás	5				4			4	4	4						
		Kevesbb karbantartás	4				4			2	2	2						
		Könnyebb	5				4			2	2	4						
		Kevesebb olajszükséglet	3				4			2	2	2						
		Jobb dokumentáció	3				4			2	2	2						
		Hosszabb élettartam	5				4			4	4	4						
	Gyorsabb	Kevesebb mint 6 hónap szállítási idő	4				4			4	4	4	4					
		Gyors be- és kiszerelés	4				4	2		2	2	4						
		Rövidebb szakmai képzés	3				2			1	1	1						
		Gyors szerviz	4				4	2		2	2	2				4		
	Olcsóbb	Jobb ár/teljesítmény	5				4			4	4	4						
		Kisebb üzemeltetési költség	4				4			2	2	2						
		Kisebb szervizelési költség	4				4	2		2	2	2						
		Kedvező fizetési feltételek	5				4			2	2	2						
		Összes pontszám		0	0	0	226	24	0	151	151	169	16	0	0	16	0	0

30. ábra. A vevő hangja mátrixdiagram egy vasúti hajtóműgyártó vállalatnál [19]

Projektmenedzsment

A RACI mátrixdiagram régóta népszerű eszköz a projektmenedzserek körében. A projekt résztvevői szerepének és felelősségének tisztázására szolgál minden egyes feladat, mérföldkő és döntés esetén. A RACI egy mozaikszó a következő szavakból: Responsible-felelős, Accountable-elszámoltatható, Consultant-konzultáló, Informed-informálandó). A felelős a projekt egy-egy feladatainak végrehajtásáért felel, míg az elszámoltatható az egész projektért. A konzultálók véleményt, tanácsot, információt adnak a projekt egyes feladatainak végrehajtásához. Az informálandó személyek azok, akiket tájékoztatni kell a projekt előrehaladásáról.

Az alábbi példa ismét a vasúti hajtóműgyártó cégtől van, ahol egy vevő (önkormányzat) által rendelt villamosokhoz kell tengelyhajtóművet tervezni és gyártani. A tengelyhajtóművet 4 mérnök tervezi, a tejes termékért a projektvezető a felelős, mint elszámoltatható. A terv teammunkában készül, de már ebben a fázisban konzultálnak a technológussal és a vevővel. A projektben a vevő is részt vesz, hiszen a követelményeket ő határozza meg, mint konzultáló. Az alkatrészterveket három mérnök készíti, konzultálva a technológussal és a vevővel. A prototípust a három mérnök készíti. A technológus elszámoltatható a gyártási dokumentáció technológiai részeiért. Az anyagbeszerzés a Logisztika feladata, mint elszámoltatható. A 0 széria gyártása és a sorozatgyártás a termelési vezető felelőssége. A 0 széria gyártásában a technológus is résztvevő, mint konzultáns, de fontos a vevő véleménye is. A dokumentációkat a mérnökök készítik. A felhasználói dokumentációról a vevőt is megkérdezik. A marketinges felel a termék piaccal történő megismertetésével (a projektvezető konzultáló szerepben vesz részt a különböző hirdetések előkészítésében), mivel ezt a terméket más vevőknek is ajánlani fogja a cég. Az igazgatóságot (ügyvezető, műszaki igazgató, pénzügyi igazgató) a projekt fontosabb mérföldköveinél és a késéseknél tájékoztatni kell.

Felelősségek	
A	Elszámoltatható
R	Felelős
K	Konzultáló
I	Informálandó

Felelősségek	Projekt résztvevők									
	Igazgatóság	Projekt vezető mérnök	Öntvény tervező	Fogaskerék tervező	Alkatrész tervező	Technológus	Vevők	Logisztikai vezető	Termelési vezető	Marketinges
Terv	I	A	K	K	K	K	K			
Alkatrész tervek		A	R	R	R	K				
Prototípus	I	A	R	R	R	K	K			
Anyagjegyzék		A	R	R	R	K				
Gyártási dokumentáció		A	R	R	R	R				
Anyagbeszerzés								A		
0 széria	I	K				K	K		A	
Felhasználói dokumentáció		A	R	R	R		K			
Sorozatgyártás									A	
Hirdetések		K								A
Késések	I									

31. ábra. Egy villamos tengelyhajtómű fejlesztési és gyártási projekt RACI mátrixa

Ez a RACI mátrix egy T formájú diagramban egyesíthető egy Gantt diagrammal és ilyen formában a projekt előrehaladása, valamint a felelősségek időbeni ütemezése is láthatóvá válik. Látható, hogy pl. az 5. hónap végén a gyártási dokumentáció késik és ennek következményeként a prototípus is késik. A késésről az Igazgatóság beszámolót kap (piros I).

Kapcsolat	
R	Felelős
A	Elszámoltatható
K	Konzultáló
I	Informálandó

Teamtagok								
Igazgatóság				I	I	I		I
Projekt vezető mérnök	A	A	A	A	A	A		
Öntvény tervező		R	R	R	R	R		
Fogaskerék tervező		R	R	R	R	R		
Alkatrész tervező		R	R	R	R	R		
Technológus		K	K	K				
Vevők	K	K	K	K	K	K	K	K
Logisztikai vezető					A	A		
Termelési vezető							A A A A A A
Marketinges							A A A A A A

	1	2	3	4	5	6	7	8	9	10	11	12	Hó
Terv	○	○	○	⊕									
Alkatrész tervek		○	○	X									
Prototípus					⊕	X							
Anyagjegyzék					X								
Gyártási dokumentáció					⊕								
Anyagbeszerzés						X	X						
0 széria							X	X					
Felhasználói dokumentáció						X							
Sorozatgyártás									X	X	X	X	
Hirdetések							X	X	X	X	X	X	

Terv-Tény	
X	Terv
○	Kész
⊕	Késés

Feladatok

32. ábra. A 31. ábra kiegészítése Gantt diagrammal.

A 33. ábrán viszont nem látszanak az eredeti, a 32. ábra felelősségei. Ez is megoldható egy Y formájú mátrix segítségével, amint az a 34. ábrán látható.

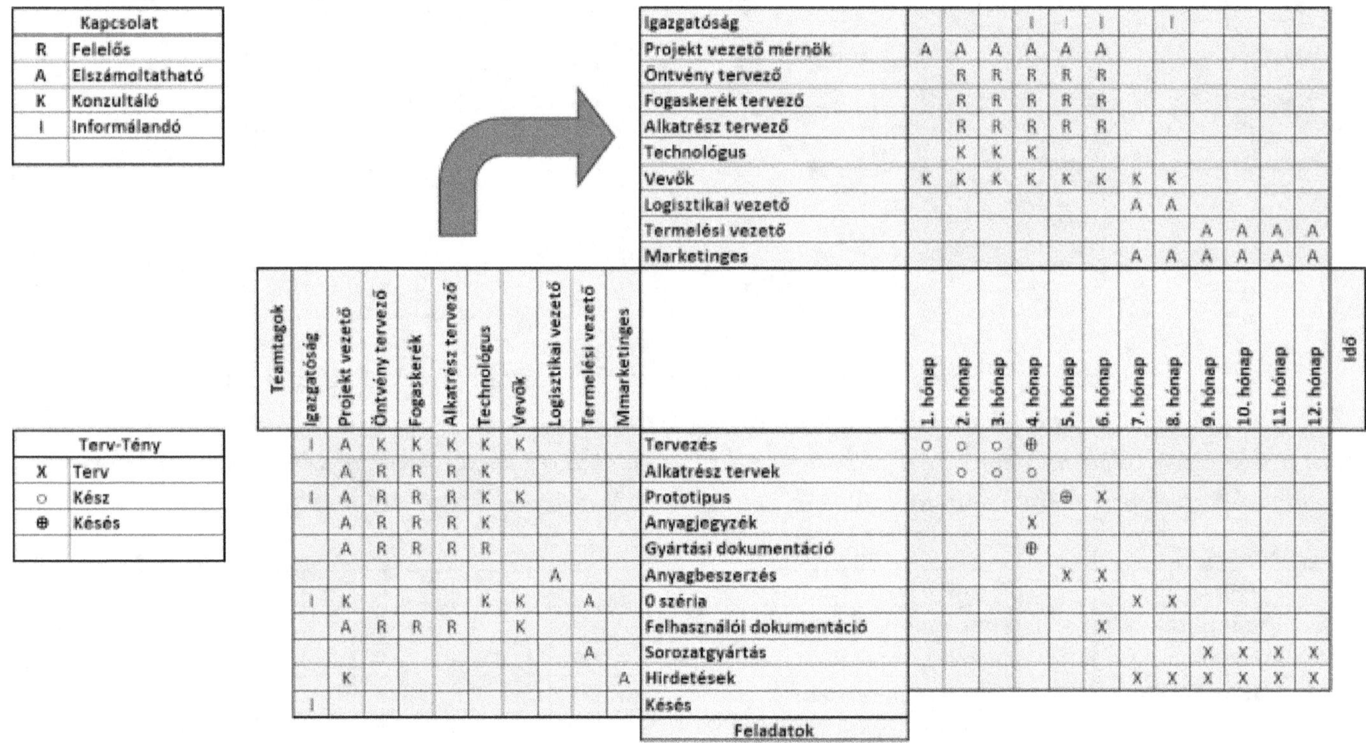

33. ábra. A 32. és 33. ára egyesítése egy Y formájú diagramban

IT menedzsment

A CRUD mátrixot az IT menedzsmentben használják adatokhoz való hozzáférések definiálására. A CRUD egy mozaikszó, amely a hozzáférések típusai angol megnevezéseinek kezdőbetűiből tevődik össze: Create – új adat létrehozás és tárolása, Read – tárolt adatok olvasása, Update – tárolt adatok módosítása és tárolása, Delete – tárolt adatok törlése.

A mátrix L formájú, az egyik adatcsoport az adatok fajtája, a másik a szervezeti egységek és/vagy hozzáférő személyek.

Az alábbi példa a vasúti hajtóműgyártó IT rendszeréhez való hozzáférést mutatja meg. Ez persze egy nagyon leegyszerűsített mátrix. Például a termékek árait nem módosíthatja bárki az értékesítési szervezetben. Célszerű erre egy személyt (és egy helyettesítőt) feljogosítani. Ez vonatkozhat a többi adatbázisra is, hiszen, ha például a Beszerzésen bárki felvehet beszállítót, akkor előbb-utóbb ugyanazon vagy hasonló névvel, kissé eltérő adatokkal szerepelni fog sok, azonos céget fedő beszállító. Ezt olyan mátrixszal lehet ábrázolni, amelyen a szervezeti egységen belül a munkatársak is megjelennek.

A CRUD mátrix hasznos lehet a folyamatokat leíró dokumentációkban.

Jogosultságok	
C, R, D, U	Minden
C	Létrehozás
R	Olvasás
U	Módosítás
D	Törlés

Adatbázisok	Szervezetek								
	Ügyvezető	Szervezeti vezetők	Fejlesztés	Technológia	Gyártás	Értékesítés	Beszerzés	Pénzügy	HEM
Termékek/Darabjegyzék	R	R	C, R, D, U	R	R	C, R, D, U			
Technológia	R	R	R	C, R, D, U	R				
Vevők	R	R				C, R, D, U			
Vevői megrendelések	R	R			R	C, R, D, U		R	
Beszállítók	R	R	R	R			C, R, D, U		
Szállítói megrendelések	R	R			R	R	C, R, D, U	R	
Értékesítési és gyártási terv	R	R			C, R, D, U	R		R	
Teljes humán erőforrás	R								C, R, D, U
Szervezeti humán erőforrás	R	R							C, R, D, U

34. ábra. A vasúti hajtóműgyár IT rendszerének hozzáférési jogosultságát ábrázoló CRUD mátrix [20]

Folyamatmenedzsment

Az első példa az üzleti folyamatok működtetésének végrehajtóit mutatja be. Ez az L mátrix arra is választ ad, hogy mely szervezetek vesznek részt egy-egy folyamatban. Egy ilyen mátrix is hasznos lehet a folyamatokat leíró dokumentációkban.

Üzleti folyamatok	Éliás Ferenc műszaki vezető	Kiss Károly értékesítési vezető	Fodor Éva marketing vezető	Nagy Gyula Termelés vezető	Gál Vera pénzügyi vezető	Molnár Tímea Számviteli vezetüő	Kovács Ferenc Vevőszolg. vezető	Jó András beruházási vezető	Sós János Logisztikai vezető	Dávid Vera HEM vezető	Réti János IT vezető
Tervezés	⊙	○	⊙	⊙	⊕	○	⊙	⊙	○	⊕	⊕
Termékés szolgáltatás fejlesztés	⊕	○	○	○		○	○				○
Gyártás és szolgáltatás	○	○		⊕		○			○		○
Marketing és értékesítés	○	⊕	⊕	○	○				○		○
Humán erőforrás-menedzsment	○	○	○	○	○	○	○	○	○	⊕	○
Cashmenedzsment	○	○	○	○	⊕	○	○	○	○	○	○
Eszközmenedzsment	○			○	○	○	○	⊕			○
Tudás és információ mng.											⊕
Külső erőforrás-menedzsment	○			○					⊕		○
Vevőkapcsolatok menedzsment	○	⊕	○	○	○		○				○

35. ábra. L-formájú mátrixdiagram az üzleti folyamatok működtetésére

Ha egy folyamat, vagy tevékenység bemeneteinek a kimenetekre gyakorolt hatását vizsgáljuk ok-okozati (C&E - cause & effect) mátrixról beszélünk.

Erre mutat példát az alábbi diagram, amely egy cég marketing tevékenységei (okok) és a marketing kulcs teljesítménymutatók, KPI-k (okozatok) kapcsolatát mutatja. Ebben az esetben a mátrixból kiolvasható, hogy a hirdetések és a weblapfejlesztések vannak erős kapcsolatban a <u>marketing teljesítménymutatókkal.</u> *Továbbá az is, hogy az On-line vevői elkötelezettség mindegyik tevékenységtől függ. Kisebb mértékben ilyen a weboldal látogatottság és a konverziós arány is. (Az A/B split azért nem sorolható ide, mert az csak egy teszt, amely azt méri, hogy melyik forma és tartalom tetszik jobban a látogatóknak.)*

Kimenetek: kulcs telj. mutatók (KPI)	Bemenetek: marketing tevékenységek						Összesen
	Jó szoc. media post	Jó szoc. med. hirdetés	Jó Google hirdetés	Értékes blog	Értékes YT videó	Weblap fejlesztés	
Kampány árbevétele		⊕	⊕				2⊕
Érdeklődő szerzés költsége		⊕	⊕				2⊕
A/B split	○	⊕	⊕	○	○	⊕	
Átkattintási arány	○	⊕	⊕	○	⊙		2⊕, 1○, 2○
Weboldal látogatottság	○	⊕	⊕	⊙	○	⊕	3⊕, 3○
Visszafordulási arány						⊕	1⊕
Konverziós arány	○	⊕	⊕	○	⊙	⊕	3⊕, 3○
On-line vevői elkötelezettség	⊕	⊕	⊕	⊕	⊕	⊕	6⊕

36. ábra. L-formájú mátrix a marketing tevékenységek és marketing KPI-k kapcsolatára

A következő diagram értelmezhető egyszerű kapcsolat erősségű és ok-okozati diagramként is. Azt vizsgáljuk, hogy az üzleti folyamatok milyen kapcsolatban vannak a cég működését és pénzügyi eredményeit reprezentáló kulcs eredménymutatókkal (KRI-kkel).

Az üzleti folyamatokat és a folyamatok mutatóit az Üzleti folyamatok fő mutatószámai c. könyvemben tárgyalom. E könyv végén az 1. és 2. mellékletben, rövid összefoglalásban mutatom be ezeket. Most csak annyit, hogy az eredménymutatók mindig több folyamat működését reprezentálják. A táblázat jobb oldalán látható, hogy hány és milyen kapcsolat befolyásolja a KRI alakulását. Ez alapján könnyen eldönthető, hogy mely folyamatokra (szervezetekre) kell koncentrálni a pénzügyi tervezés és kontrolling során.

		Üzleti folyamatok										
		Tervezés	Termék és szolgáltatás fejlesztés	Gyártás és szolgáltatás	Marketing és értékesítés	Humán erőforrás-menedzsment	Cashmenedzsment	Eszközmenedzsment	Tudás és információ menedzsment	Külső erőforrás-menedzsment	Vevőkapcsolatok menedzsmentje	Összesen
Működési és pénzügyi nézőpont kulcs eredménymutatói (KRI)	Árbevétel	◎	◎	⊕	⊕	⊕				◎		3⊕, 3◎
	Adózás utáni nyereség	◎	⊕	◎	○	○	◎	○	○	◎	○	1⊕, 3◎, 6○
	Bruttó fedezet	◎	⊕	◎	○	○	◎	○	○	◎	○	1⊕, 3◎
	EBITDA	◎	⊕	◎	○	○	◎	○	○	◎	○	1⊕, 3◎
	Termelékenység	◎	⊕	⊕		◎		○	◎	◎		2⊕, 4◎, 1○
	Befektetés megtérülés (ROI)	⊕	⊕	◎				⊕				3⊕, 1◎
	Fix költségek aránya	⊕	⊕	◎	○	◎	◎	○	○	◎	○	2⊕, 2◎, 5○
	Arányos költséghányad	⊕	⊕							◎		2⊕, 1◎

Kapcsolat	
⊕	Elsődleges kapcsolat
◎	Másodlagos kapcsolat
○	Kicsi kapcsolat
	Nincs kapcsolat

37. ábra. L mátrixdiagram az üzleti folyamatok és a működési KRI-k kapcsolatára

Végül egy speciális L formájú mátrix, a prioritási mátrix, amely összehasonlítja az opciók/szükségletek listáját egy kritériumkészlettel, hogy segítsen kiválasztani a legjobb opciókat.

Példánkban egy futárszolgálat javítani szeretne a folyamat OTD-n (Időben történő szállítás). A fejlesztés előtt 5 lehetséges megoldást vizsgálnak (5 projekt) mutatószámát. A kritériumok között az OTD-n kívül a vevői elégedettség, a költségek csökkenése, az átfutási idő, erőforrás-ráfordítás, valamint a jövő projektjeinél felhasználható tapasztalat is szerepel. A kiválasztáshoz prioritás mátrixot használnak. A pontozást csoportmunkában, konszenzussal állapítják meg: meghatározzák a követelmények súlyszámát, majd pontozzák a projekteket (a legmagasabb pontszámot az 1. projekt).

Súly-, Pontszám	
1	Elégtelen
2	Gyenge
3	Közepes
4	Jó
5	Kitűnő

			Lehetőségek									
		Súly	1. projekt		2. projekt		3. projekt		4. projekt		5. projekt	
			Pont	Szorzat	Pont	Szorzat	Pont	Szorzat	Pont	Szorzat	Pont	Szorzat
Követelmények	OTD (Szállítás időben)	4	1	4	1	4	2	8	3	12	3	12
	Vevői elégedettség	5	5	25	5	25	5	25	3	15	2	10
	Közvetlen költségcsökkenés	3	4	12	5	15	3	9	4	12	5	15
	Közvetett költségcsökkenés	2	5	10	1	2	2	4	3	6	3	6
	Átfutási idő	3	2	6	2	6	2	6	2	6	2	6
	Erőforrás ráfordítás	3	3	9	1	3	2	6	5	15	4	12
	Hasznossága a jövő projektjeihez	4	5	20	5	20	4	16	4	16	5	20
	Összesen			86		75		74		82		81

38. ábra. Prioritási diagram egy futárszolgálat OTD mutatójának javítására

A 38. ábra példáját most kiegészítem a vevői nézőpont kulcs eredmény-mutatóival: A vevői nézőpont KRI-jeinek döntő többsége a tervezés, a termék és szolgáltatás fejlesztés és a vevőkapcsolatok menedzselése folyamatokkal, míg az online jelenléttel kapcsolatosak a marketing és információs menedzsmenttel állnak erős kapcsolatban.

Vevői nézőpont KRI-jei

	Tervezés	Termék és szolgáltatás	Gyártás és szolgáltatás	Marketing, értékesítés	Hum. erőf. menedzs.	Cashmenm.	Eszközmen.	Tudás és inf. men.	Külső erőforrás	Vevő men.	Üzleti folyamatok
Közösségi hálózati nyom	⊙	⊙	⊕	⊙		o	⊕			⊕	3⊕, 4⊙, 1o
On-line szavazat részesedés	⊙	⊙	⊕	⊙		o	⊕			⊕	3⊕, 3⊙, 1o
Brand tőke	⊕	⊕	⊙	⊙		o	o			⊕	3⊕, 2⊙, 2o
Vállalati hírnév	⊕	⊕	⊙	o	o	o	o			⊕	3⊕, 1⊙, 4o
Vevő megtarási ráta	⊕	⊕	o		o		⊙			⊕	3⊕, 1⊙, 2o
Átlagos vevői hűség	⊕	⊕	o		o				o	⊕	3⊕, 3⊙
Vevő élettartam	⊕	⊕	o		o				o	⊕	3⊕, 3⊙
Vevő forgásarány	⊕	⊕	o		o					⊕	3⊕, 2⊙
Vevői elégedettség	⊕	⊕	⊙		o			⊙	⊙	⊕	3⊕, 3⊙, 1o
Piaci részesedés	⊕	⊕	⊕		o					⊕	4⊕, 1o

Kapcsolat	
⊕	Erős
⊙	Közepes
o	Gyenge

Működési és pénzügyi nézőpont KRI-jei

	Tervezés	Termék és szolgáltatás	Gyártás és szolgáltatás	Marketing, értékesítés	Hum. erőf. menedzs.	Cashmenm.	Eszközmen.	Tudás és inf. men.	Külső erőforrás	Vevő men.	Üzleti folyamatok
Árbevétel	⊙	⊙	⊕	⊕	⊕				⊙		3⊕, 3⊙
Adózás utáni nyereség	⊙	⊕	⊙	o	o	⊙	o	o	o	o	1⊕, 3⊙, 6o
Bruttó fedezet	⊙	⊕	⊙	o	o	⊙	o	o	o	o	1⊕, 3⊙
EBITDA	⊙	⊕	⊙	o	o	⊙	o	o	o	o	1⊕, 3⊙
Termelékenység	⊙	⊕	⊕		⊙		o	⊙	⊙		2⊕, 4⊙, 1o
Készletforgási sebesség	⊕	⊕	⊕				⊕		⊙		3⊕, 3⊙
Saját tőke megtérülés (ROE)	⊕	⊕	⊙								3⊕, 3⊙
Befektetés megtérülés (ROI)	⊕	⊕	⊙				⊕				3⊕, 1⊙
Fix költségek aránya	⊕	⊕	⊙	o	⊙	⊙	o	o	o	o	2⊕, 2⊙, 5o
Arányos költséghányad	⊕	⊕							⊙		2⊕, 1⊙

39. ábra: T mátrix: a folyamatok és a működési/pénzügyi- és vevői nézőpont KRI-k kapcsolata

A következő példa az üzleti folyamatok egymás közötti kapcsolatát ábrázolja.

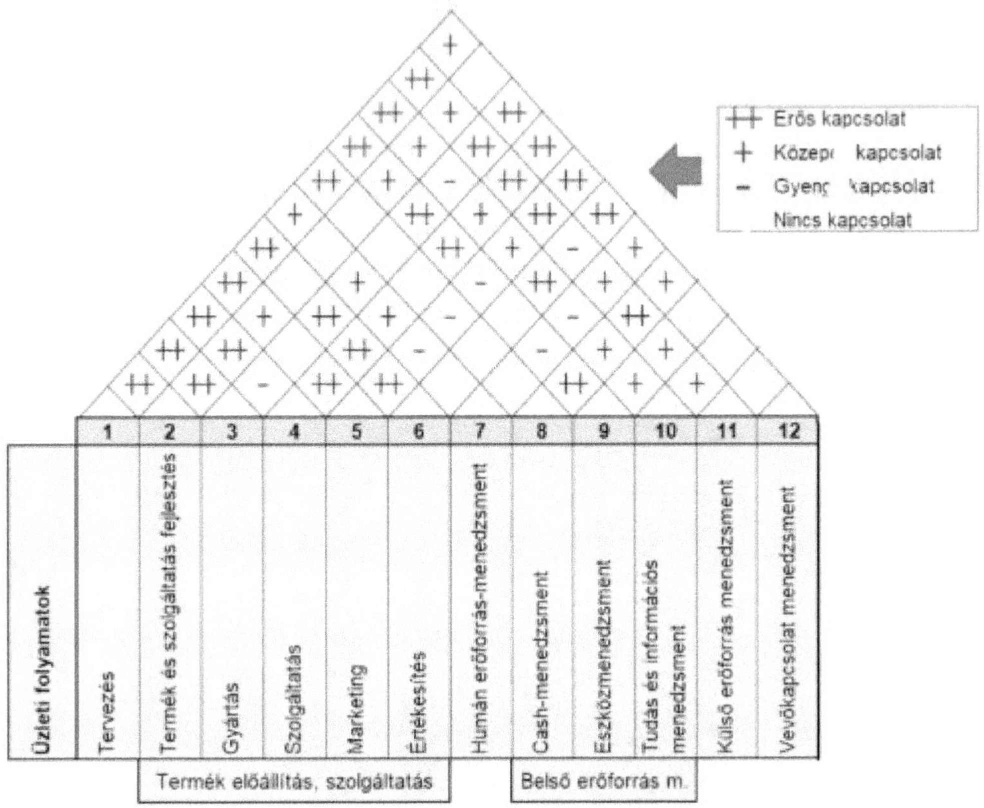

40. ábra. Tető-formájú mátrixdiagram az üzleti folyamatok kapcsolataira

Megjegyzem, hogy ezeket a kapcsolatokat L formájú diagramban is ábrázolni lehet. Sőt! A az ok-okozati kapcsolatok is feltüntethetők. Ezt mutatja az alábbi ábra. (Ez a Webshopomban kapható kapcsolati diagram rajzoló program[7] forrás táblázata.)

Színes ábra:

		OKOZAT												FORRÁS
		Tervezés	Termék és szolgáltatás fejlesztés	Gyártás	Szolgáltatás	Marketing	Értékesítés	HEM	Cashmenedzsment	Eszközmenedzsmnet	IT és tudásmenedzsment	Külső erőforrásmenedzsment	Vevőkapcsolat menedzsment	
		1	2	3	4	5	6	7	8	9	10	11	12	
OK	1 Tervezés		Ø	Ø	Ø	O	Ø	O	Ø	Ø	O	/	O	11
	2 Termék és szolgáltatás fejlesztés			Ø	Ø	O	O	/		/				6
	3 Gyártás						Ø			Ø	O		/	4
	4 Szolgáltatás						Ø			O	Ø	O	/	5
	5 Marketing						Ø				/			2
	6 Értékesítés								Ø				Ø	2
	7 HEM			O	O		O							3
	8 Cashmenedzsment			Ø	Ø					O		/		4
	9 Eszközmenedzsmnet										O		/	2
	10 IT és tudásmenedzsment		Ø				Ø					O	O	4
	11 Külső erőforrásmenedzsment			Ø										1
	12 Vevőkapcsolat menedzsment		Ø											1
	EREDMÉNY	0	3	5	4	2	7	2	2	5	5	4	6	

Erős kapcsolat   Ø
Közepes kapcsolat   O
Gyenge kapcsolat   /
Nincs kapcsolat

41. ábra. Az üzleti folyamatok ok-okozati kapcsolatát bemutató L formájú mátrix.

A táblázatból generált kapcsolati diagram pedig így néz ki. Az értékesítésre mutat a legtöbb nyíl (összesen 7), így ez az eredmény, ami rendben is van, hiszen az értékesítés az egyik legfontosabb folyamat és jó, ha a többi folyamat is támogatja. A táblázatból viszont az is látszik, hogy a vevőkapcsolatok menedzselésére 6 nyíl mutat, amely szintén helyes, hiszen az ügyfélszemlélet egy fontos alapelv. Levonható az a következtetés is, hogy a kapcsolati diagram ebben az esetben szofisztikáltabb eredményt ad, mint a Tető mátrix, aminek az az oka, hogy kétirányú ok okozati kapcsolatot tud kezelni.

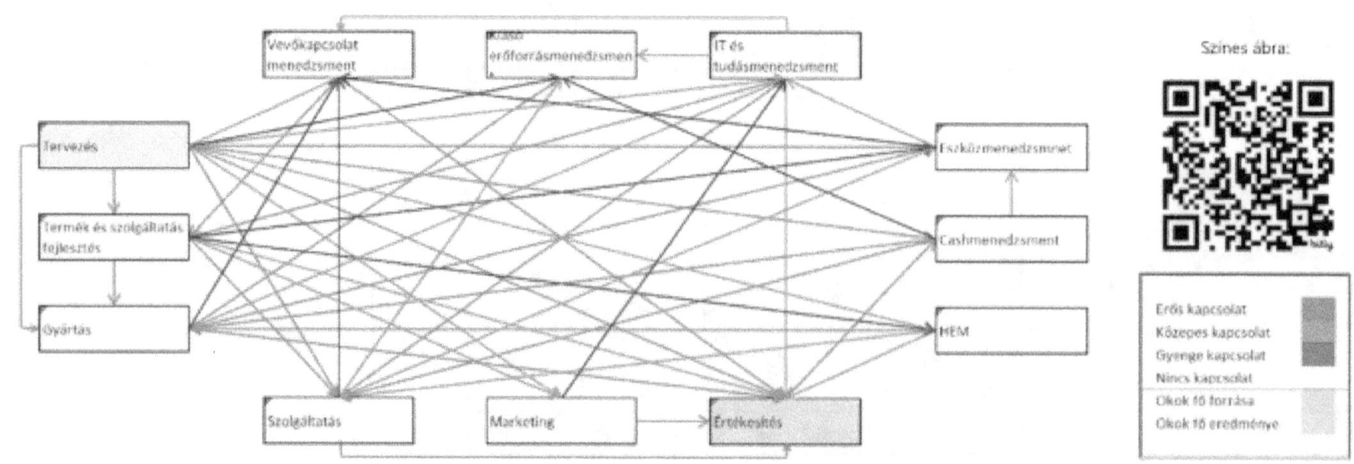

42. ábra. Az üzleti folyamatok ok-okozati kapcsolatait bemutató kapcsolati diagram.

7. https://www.tfodor.hu/kapcsolati-diagram.php

Excelben is kezelhető Y diagram céljából módosítottam azt. Erre mutat példát a 43. ábra: hogy milyen kapcsolat van az üzleti folyamatok, a működési eredménymutatók (KRI) és a vevői igények között? (Az üzleti folyamatok és a KRI-k az Üzleti folyamatok fő mutatószámai című könyvem alapján kerültek a táblázatba.) A fő konklúziók a következők:

- *az alacsony ár vevői igény és a KRI-k többsége erős kapcsolatban van ezzel az igénnyel,*
- *a vevői igények és az első három üzleti folyamat (tervezés, termék és szolgáltatás fejlesztés, gyártás és szolgáltatás) kapcsolatában az erős a jellemző,*
- *a KRI-ket az előbbi folyamatok befolyásolja a legnagyobb mértékben,*
- *a rövid szállítási határidő, a teljes és időbeni szállítás, valamint a hibátlan termék és szolgáltatás erősen függ az eszközmenedzsment és külső erőforrás-menedzsment folyamattól is.*

Kapcsolat	
⊕	Elsőd leges kapcsolat
⊙	Másodlagos kapcsolat
○	Kicsi kapcsolat
	Nincs kapcsolat

43. ábra. Módosított Y formájú diagram az üzleti folyamatok, a működési KRI-k, és vevői igények kapcsolatára

Az alábbi ábra kiterjeszti a 37. ábra Y formájú diagramját még egy csoporttal, a vevői nézőpont kulcs teljesítménymutatóival. Ez az X-formájú mátrix az Y diagramnál konklúziókat a következő megállapításokkal egészíti ki:

- *a vevői nézőpont KRI-jeinek döntő többsége a termék és szolgáltatás fejlesztés, a gyártá/szolgáltatás és a vevőkapcsolatok menedzselése folyamatokkal van erős kapcsolatban,*
- *az első két KRI (az on-line jelenléttel kapcsolatosak) a marketing és információs menedzsmenttel állnak szoros kapcsolatban.*

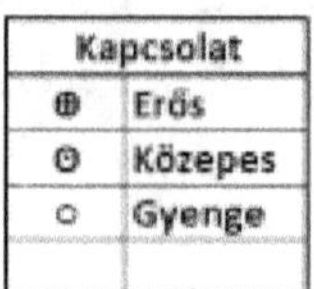

Vevői nézőpont KRI-jei — kapcsolat a vevői igényekkel (Vevői igények) és az üzleti folyamatokkal (Üzleti folyamatok):

Vevői nézőpont KRI-jei	Alacsony ár	Kedvező fizetési feltéteéek	Rövid szállítási határidő	Teljes és időbeni szállítás	Hibátlan termék és szolgáltatás	Áttekinthető, érthető dokumentáció	Elérhető és gyors vevőszolgálat	Áttekinthető, gyors WEB-lap
Közösségi hálózati nyom	○	○	○	○	○	○	○	⊙
On-line szavazat részesedés	○	○	○	○	○	○	○	⊙
Brand tőke	○	○	○	○	○	○	○	⊙
Vállalati hírnév	⊕	⊕	⊕	⊕	⊕	⊕	⊙	⊙
Vevő megtarási ráta	⊕	⊕	⊕	⊕	⊕	⊕	⊙	⊕
Átlagos vevői hűség	⊕	⊕	⊕	⊕	⊕	⊕	⊙	⊕
Vevő élettartam	⊕	⊕	⊕	⊕	⊕	⊕	⊙	⊕
Vevő forgásarány	⊕	⊕	⊕	⊕	⊕	⊕	⊙	⊕
Vevői elégedettség	⊕	⊕	⊕	⊕	⊕	⊕	⊙	⊕
Piaci részesedés	⊕	⊕	⊕	⊕	⊕	⊕	⊙	⊙

Vevői nézőpont KRI-jei	Tervezés	Termék és szolgáltatás fejlesztés	Gyártás és szolgáltatás	Marketing és értékesítés	Humán erőforrás-menedzsment	Cashmenedzsment	Eszközmenedzsment	Tudás és információ menedzsment	Külső erőforrás-menedzsment	Vevőkapcsolatok menedzsmentje
Közösségi hálózati nyom	⊙	⊙	⊙	⊕	⊙		○	⊙		⊕
On-line szavazat részesedés	⊙	⊙	⊙	⊕	⊙		○	⊙		⊕
Brand tőke	⊕	⊕	⊕	⊙	⊙		○	○		⊕
Vállalati hírnév	⊕	⊕	⊕	⊙	○	○	○	○		⊕
Vevő megtarási ráta	⊕	⊕	⊕	○		○			⊙	⊕
Átlagos vevői hűség	⊕	⊕	⊕	○		○			○	⊕
Vevő élettartam	⊕	⊕	⊕	○		○			○	⊕
Vevő forgásarány	⊕	⊕	⊕	○		○				⊕
Vevői elégedettség	⊕	⊕	⊕	⊙		○		⊙	⊙	⊕
Piaci részesedés	⊕	⊕	⊕	⊕		○				⊕

Működési és pénzügyi nézőpont kulcs eredménymutatói (KRI) — kapcsolat a vevői igényekkel és az üzleti folyamatokkal:

Működési és pénzügyi nézőpont KRI	Alacsony ár	Kedvező fizetési feltéteéek	Rövid szállítási határidő	Teljes és időbeni szállítás	Hibátlan termék és szolgáltatás	Áttekinthető, érthető dokumentáció	Elérhető és gyors vevőszolgálat	Áttekinthető, gyors WEB-lap
Árbevétel	⊕							
Adózás utáni nyereség	⊕	⊙						
Bruttó fedezet	⊕							
EBITDA	⊕							
Termelékenység	⊕							
Készletforgási sebesség	⊙		⊙					
Saját tőke megtérülés (ROE)	⊕							
Befektetés megtérülés (ROI)	⊙							
Fix költségek aránya	⊕							
Arányos költséghányad	⊕							

Működési és pénzügyi nézőpont KRI	Tervezés	Termék és szolgáltatás fejlesztés	Gyártás és szolgáltatás	Marketing és értékesítés	Humán erőforrás-menedzsment	Cashmenedzsment	Eszközmenedzsment	Tudás és információ menedzsment	Külső erőforrás-menedzsment	Vevőkapcsolatok menedzsmentje
Árbevétel	⊙	⊙	⊕	⊕	⊕				⊙	
Adózás utáni nyereség	⊙	⊕	⊙			⊙				
Bruttó fedezet	⊙	⊕	⊙			⊙				
EBITDA	⊙	⊕	⊙			⊙				
Termelékenység	⊙	⊕	⊕		⊙			⊙	⊙	
Készletforgási sebesség	⊕	⊕	⊕				⊕		⊙	
Saját tőke megtérülés (ROE)	⊕	⊕	⊙							
Befektetés megtérülés (ROI)	⊕	⊕	⊙				⊕			
Fix költségek aránya	⊕	⊕			⊙	⊙				
Arányos költséghányad	⊕	⊕							⊙	

44. ábra. X formájú diagram az üzleti folyamatok, a vevői és működési KRI-k, valamint a vevői igények kapcsolatára

Minőségbiztosítás

A 46. ábra egy nyomda könyvborító készítő folyamatát vizsgálja: a hibákat melyik műveletnél mik okozzák. Az erős kapcsolatok alapján a színváltozás és fekete paca az olaj, a rozsda, a korom és por okokra vezethetők vissza és az okok mely műveleteknél lépnek fel. Ezek alapján a javító intézkedések például a rozsdafoltok kiküszöbölése érdekében a dob utáni szövetszűrő gyakoribb cseréje, a dob fogainak gyakoribb tisztítása és a dob elkészítése rozsdamentes acélból. Az olaj és korom által okozott színváltozások elkerülése céljából célszerű a keverőlapátok gyakoribb tisztítása.

Jelmagyarázat:

Jel	Jelentés
⊕	Erős kapcsolat
o	Kapcsolat
□	Gyenge kapcsolat
	Nincs Kapcsolat

Hibák

Hibák	Olaj	Rozsda	Korom	Por, szemét	Olajos fonal	Könycsepp	Üledék	Haj	Kézzsír	Karton	Papír	Fekete festék	Statikus elektromosság
Kopás hiba	□								o	o			
Színváltozás	⊕	⊕	⊕	⊕	o	□	o	⊕			□	o	o
Árnyalat változás							o	o					
Folt	□	□				o							
Fekete paca	⊕	⊕	⊕	⊕							o	o	o

Okok — Könyvborító nyomtatás

		Olaj	Rozsda	Korom	Por, szemét	Olajos fonal	Könycsepp	Üledék	Haj	Kézzsír	Karton	Papír	Fekete festék	Statikus elektromosság
Pigmentálás	Keverés	o	⊕	o										
	Fogas dob		⊕											
	Alapanyag			o										
	Kezelés													
Pigment fedés	Görgő	o	o							o	o	o	o	⊕
	Pumpa orr		o	o	o									
	Réteg hengerlés		o				o	o					o	
	Alapozó hengerlés	o					o	o						
	Cilinder			⊕	⊕			o						
	Kezelés	o	⊕				o	o						
	Burkolás			⊕	⊕		o							
	Alap			⊕	⊕									o
	Keret	o	⊕	⊕	⊕		o							
	Cső	o	o	o	o		o							
	Hűtővíz	o					o	o						
Befejezés	Nedvesít	o	o				o		o				o	
	Vizes mángorlás		⊕	⊕						o	o		o	
	Préselés	o	o	⊕	⊕		o	o						o
	Leválasztás	o		o	o		o				o			
	Hengerlés	⊕		⊕	⊕								o	o
Vágás	Egyszerű vágás	o		o										o
	Körülvágás	o												
	SE	o		o										

45. ábra. T-formájú mátrixdiagram a könyvborító nyomtatása során felmerülő hibákról

Egy cég gépkocsik fékrendszerének minősítésével (tanúsításával) foglalkozik. Célul tűzték ki, hogy a vevők szigorúbb elvárásainak megfelelően erősítik és effektívebbé teszik a minősítési rendszerüket. A minősítési rendszer megfelelő fejlesztésének tervezéséhez nagyon fontos tisztázni a kapcsolatokat a fékrendszerek jellemzői, a tesztelő és mérési eljárások, valamint a tesztelő és mérőeszközök között. Ezért először egy Fa diagramm (lásd 3. sz. melléklet) segítségével határozták meg a vizsgálandó paramétereket (46. ábra).

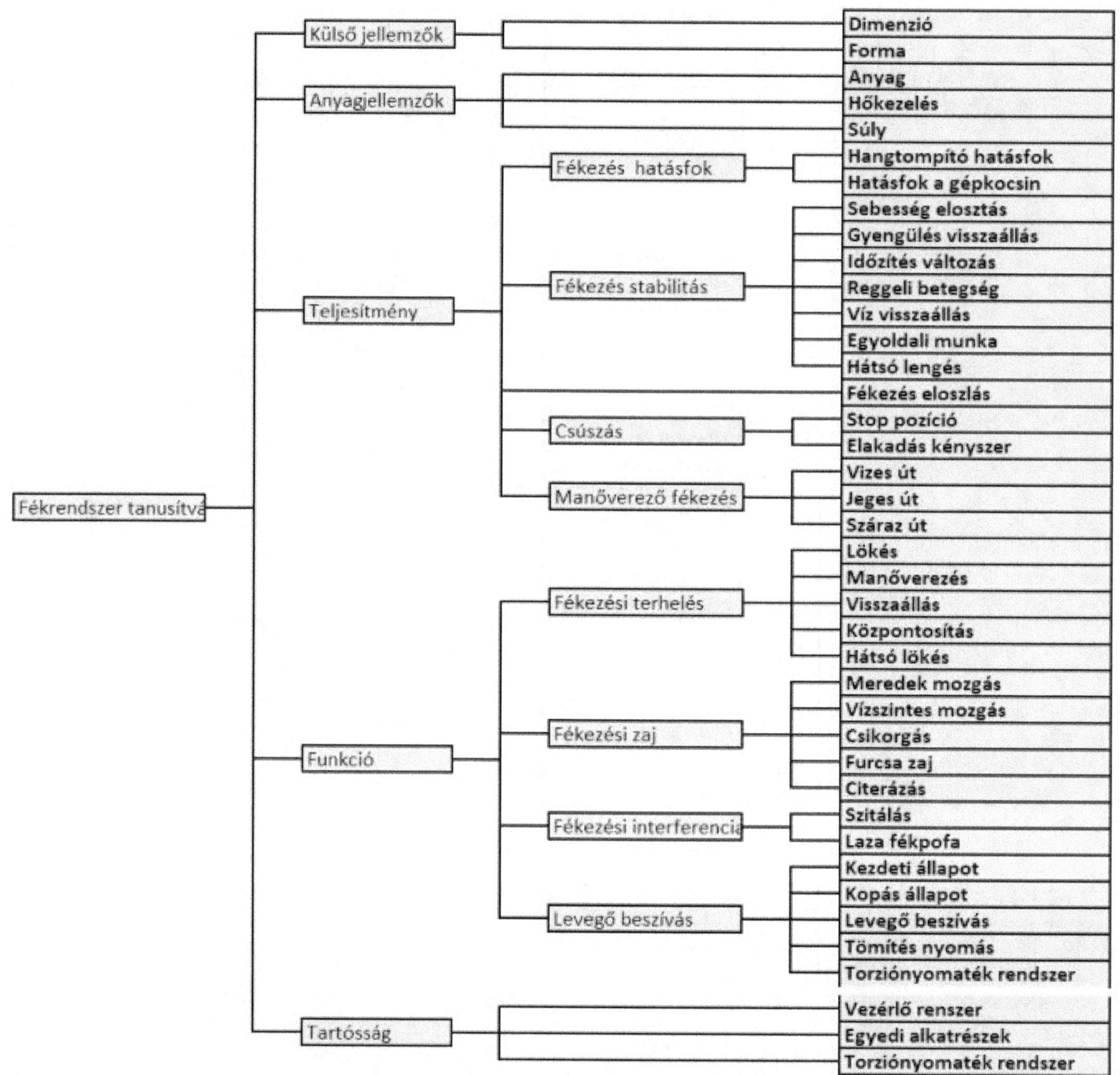

46. ábra. Fa diagram a gépkocsi fékek minősítési paraméterire

Ezt a Fa diagramot egy T formájú mátrixon egyesítettek a tesztelendő és mérendő eljárásokkal, valamint a teszt és mérőkészülékekkel. A diagram felső részén jelölték azokat az eljárásokat, amelyek már folyamatban vagy ütemezve vannak.

MÁTRIXOK A MENEDZSMENT GYAKORLATBAN

Kapcsolat (jelmagyarázat)

- ⊕ Tesztelés alatt
- ● Tesztelhető
- ○ Minősítésre ajánlott

Teszt és mérőeszközök (a mátrix felső része, jelölés: ⊕)

Teszt és mérőeszközök	Méret és súly	Forma	Anyag minőség	Keménység	Keménység mélység	Keménység rendszer	Súly	Olajvisszajutás (SAE)	Fékrendszer teljesítmény	TP	Fékrendszer hatékonyság	Dinamó parking hatásfok	Gépkocsi fék	Dinamó	Kézifék hatásfok	Dinamó teljesítmény szétosztás	Löket mérés	Fékaktuator hatásfok	Fékfolyadék szivárgás	Teljesítmény veszteség	Fék vezérlő hatásfoka	Fékpofa helyreállítás	Fékpofa közép pre állás	Összes ⊕
Összes ⊕	5	2	2	4	2	1	2	2	4	1	4	1	4	1	4	1	2	1	2	1	1	1	2	
Gépkocsi									⊕		⊕		⊕		⊕									11
Görgős teszter									⊕		⊕													2
Tesztpálya									⊕		⊕		⊕		⊕									5
Dinamóméter								⊕	⊕		⊕						⊕		⊕				⊕	16
Dupla dinamométer								⊕						⊕		⊕	⊕		⊕				⊕	18
See-saw tartóssági teszter								⊕																4
SAE sebesség stabilitás teszter																								0
SPG tartóssági teszter																								1
Rezgés tesztelő																								3
Rugó vizsgáló																								5
Mérleg	⊕																							1
Mérőléc	⊕			⊕																				3
Blokkolás mérő																								1
Vastagság mérő	⊕	⊕																						1
Mélységmérő	⊕																							1
Mikrométer	⊕																							1
Csúszás mérő																								1

Mérési eljárások — Fékgarnitúra érintő elemek (fla diagramból) (jelölés: ● Tesztelhető, ○ Minősítésre ajánlott)

Mérési eljárások	Méret és súly	Forma	Anyag minőség	Keménység	Keménység mélység	Keménység rendszer	Súly	Olajvisszajutás (SAE)	Fékrendszer teljesítmény	TP	Fékrendszer hatékonyság	Dinamó parking hatásfok	Gépkocsi fék	Dinamó	Kézifék hatásfok	Dinamó teljesítmény szétosztás	Löket mérés	Fékaktuator hatásfok	Fékfolyadék szivárgás	Teljesítmény veszteség	Fék vezérlő hatásfoka	Fékpofa helyreállítás	Fékpofa közép pre állás	Összes ●
Dimenzió	●	●																						2
Forma			●	●	●	●																		4
Anyag							●																	1
Hőkezelés								●	●	○		●	○	○	●	●			○					7
Súly								●	●	○	●				●									5
Hangtompító hatásfok								●	●					○										3
Hatásfok a gépkocsin								●	●	○				○										3
Sebesség elosztás								●	●	○				○	●	●								7
Gyengülés visszaállás									●						●									3
Időzítés változás									●															1
Reggeli betegség									●					●	●									5
Víz visszaállás									●						●									4
Egyoldali munka									●							●								4
Hátsó lengés									●						●									4
Fékezés eloszlás									●						○									2
Stop pozíció									●															1
Elakadás kényszer																								1
Vizes út								○	●			○				○		○	○	○	○			1
Jeges út								○	●			○					○		○	○	○			1
Változékony									●								○	○	○	○				4
Lökés								○	○			○		○		○								4
Manőverezés érzékelés								○	○			○		○		○						●		4
Visszaállás után																							●	2
Központosítás után	○							○				○		○		○							○	3
Hátsó lökés								○	○			○		○		○								4
Meredek mozgás		○	●					○	●					●	●	○								5
Úszimtes mozgás		○						○	●					○	●	○								4
Csikorgás			●					○	●					○	●	○								5
Furcsa zaj		○							●					○	●	○								3
Citerázás									●						●									4
Szitálás		●						●	●			●		○										6
Laza fékpofa		●						●	●			●		○										5
Kezdeti állapot		●						○						○										2
Kopás állapot		●																						2
Levegő beszívás	●	●	●	●	●	●																		15
Tömítés nyomás	●	●	●	●	●	●																		10
Torziónyomaték rendszer	●	●	●	●	●	●																		9
Vezérlő renszer	●	●	●	●	●	●																		8
Egyedi alkatrészek	●	●	●	●	●	●																		9
Torziónyomaték rendszer	●	●	●	●	●	●																		8
Összes ⊕	7	9	13	7	7	7	1	8	35	0	1	3	0	1	18	3	0	0	0	0	0	1	1	

47. ábra. T diagram a gépkocsi fékek minősítéséhez szükséges berendezések fejlesztéséhez

A jelölések mennyisége alapján, amely a legfelső sorban kerültek összeadásra, a következő megállapításokat tették.

- *Amennyiben egy eljárásnál sok teszt- vagy mérőeszköz van használatban és ütemezve, ott célszerű lehet az eszközök számának növelése, hogy elkerüljék a szűk kapacitásokat. (Hogy konkrétan melyik eszközből kell több, azt további vizsgálatoknak kell eldönteni.) Ezeknek a mérési procedúráknak a hatékonysága alacsony, hiszen sok készüléket használnak egy tesztelési eljáráshoz. A diagramon ilyen pl. a méret (1. oszlop). Nyilván, ahol kicsi ez a szám, ott a hatékonyság rendben van.*

- *Ha ennek területnek a jobb oldalán lévő összegeket nézzük, megállapítható, hogy ahol egy mérőeszköz sok eljárásnál alkalmazott, ott a mérőkészülék hatékonysága jó (pl. a dinamóméterek). Viszont ahol kicsi, és a feltüntetett eljáráson kívül más tételnél is használni kell, további eszköz beszerzésére van szükség. A görgős vizsgáló például ütemezve van a fék vizsgálatánál, ezért célszerű további beszerzése.*

A T diagram alsó részén láthatók a tesztelendő jellemzők és az eljárások közötti összefüggések.

- *A jobb oldalon lévő számokat tekintve az mondható, hogy ha egy jellemzőhöz sok mérési procedúrát kell elvégezni, akkor érdemes megvizsgálni, hogy nem kell-e több egy vagy több eljáráshoz szükséges eszközből. (Például a levegő beszívás mérése ilyen.) Alacsony számnál pedig lehet, hogy bizonyos mérőeszköznél a szükségesnél több kapacitás áll rendelkezésre.*
- *A legalsó sor nagy számai esetén ugyanazzal az eljárással sok minőségi jellemzőt lehet tesztelni, ezért a hatékonyság magas (ilyen pl. a fékrendszer teljesítménye), ellenkező esetben pedig alacsony. [21]*

Az alábbi, konkrét QFD- példát egy képzeletbeli csokoládé chips sütigyártó számára hozták létre. A példa a vásárlói igényeket leképezi a megvásárlandó alkatrészekre/anyagokra annak érdekében, hogy megfeleljen és/vagy meghaladja a vevő elvárásait. A 4 Minőség ház az alábbiakban látható. [12]

A jellemzők meghatározásánál használhatunk Fa diagramot. (A Fa diagramokról a 3. sz. mellékletben írok.)

1. szint	2. szint	3 .szint
HOGYAN elégítsük ki a vevői követelményeket?	Külső tulajdonságok	Szin
		Súly
		Átmérő
		Vastagság
	Belső tulajdonságok	Szakítószilárdság
		Nyúlási szilárdság
		Sürűség
	Vevői érzékelés	Ár
		Hedonikus skála érték

7. táblázat. Fa diagram az 1. szint jellemzőinek meghatározásához

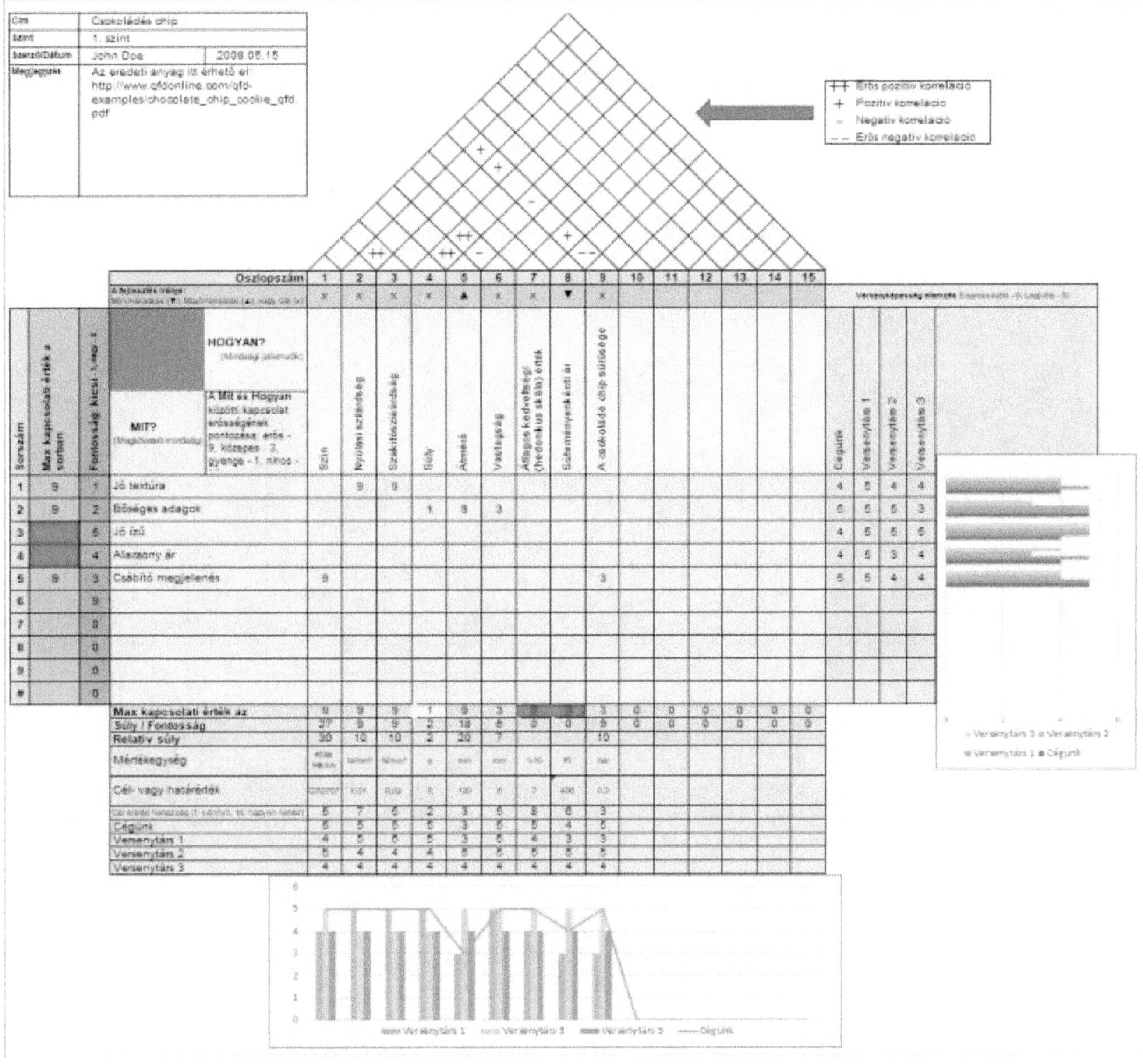

48. ábra. Az 1. Minőség háza a csokoládé chips gyártáshoz

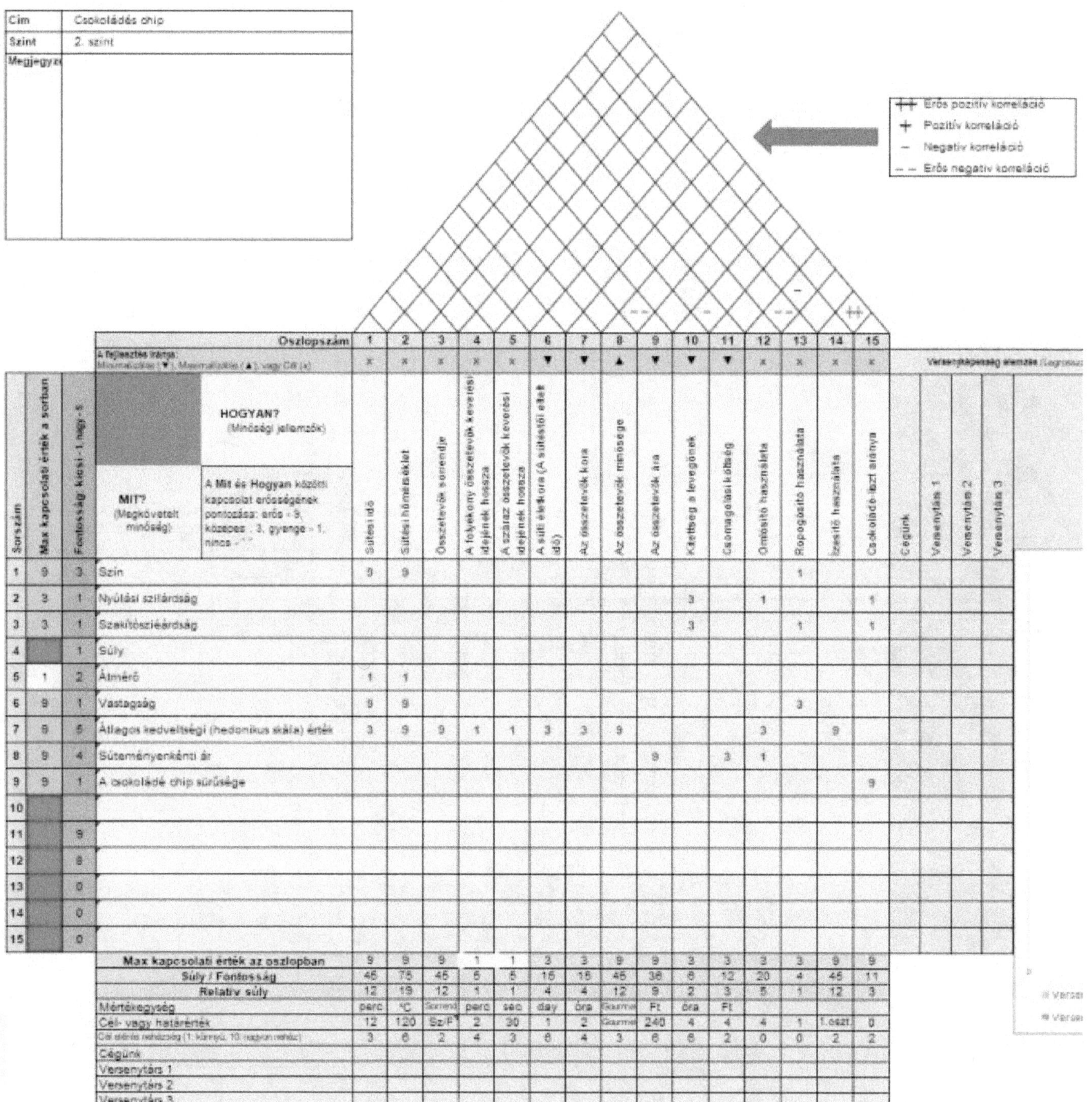

49. ábra. A 2. Minőség háza a csokoládé chips gyártáshoz

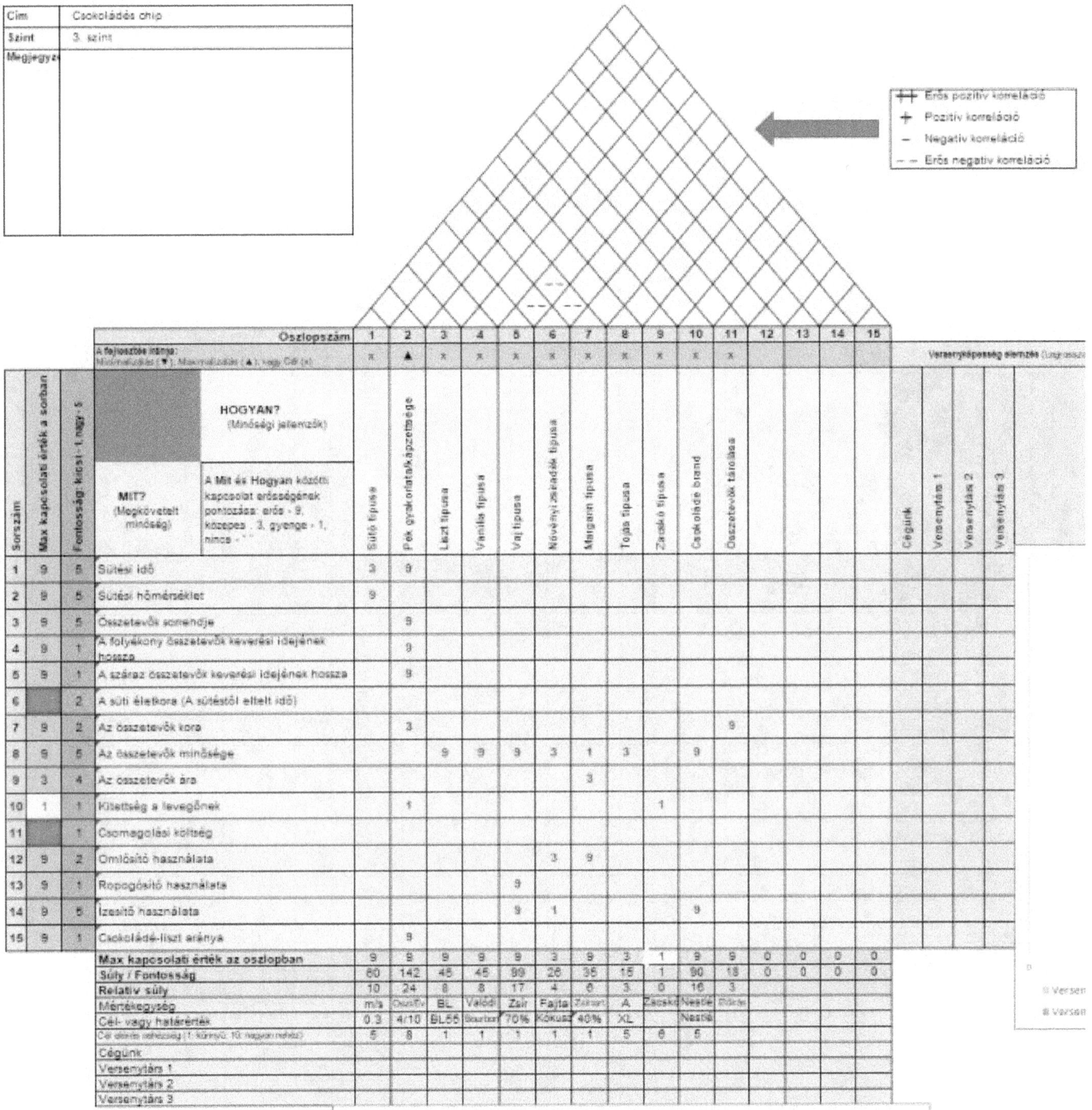

Sorszám	Max kapcsolati érték a sorban	Fontosság (kicsi - 1, nagy - 5)	MIT? (Megkövetelt minőség)	1 Sütő típusa	2 Pék gyakorlata/képzettsége	3 Liszt típusa	4 Vanília típusa	5 Vaj típusa	6 Növényi zsiradék típusa	7 Margarin típusa	8 Tojás típusa	9 Zacskó típusa	10 Csokoládé brand	11 Összetevők tárolása	12	13	14	15
			A fejlesztés iránya: Minimalizálás (▼), Maximalizálás (▲), vagy Cél (x)	x	▲	x	x	x	x	x	x	x	x	x				
1	9	5	Sütési idő	3	9													
2	9	5	Sütési hőmérséklet	9														
3	9	5	Összetevők sorrendje		9													
4	9	1	A folyékony összetevők keverési idejének hossza		9													
5	9	1	A száraz összetevők keverési idejének hossza		9													
6		2	A süti életkora (A sütéstől eltelt idő)															
7	9	2	Az összetevők kora		3								9					
8	9	5	Az összetevők minősége			9	9	9	3	1	3		9					
9	3	4	Az összetevők ára							3								
10	1	1	Kitettség a levegőnek		1							1						
11		1	Csomagolási költség															
12	9	2	Ömlesztő használata						3	9								
13	9	1	Ropogósító használata					9										
14	9	5	Ízesítő használata					9	1				9					
15	9	1	Csokoládé-liszt aránya		9													
			Max kapcsolati érték az oszlopban	9	9	9	9	9	3	9	3	1	9	9	0	0	0	0
			Súly / Fontosság	60	142	45	45	99	26	36	15	1	90	18	0	0	0	0
			Relatív súly	10	24	8	8	17	4	6	3	0	16	3				
			Mértékegység	m/s	Osztály	BL	Valódi	Zsír	Fajta	Zsírtart.	A	Zacskó	Nestlé	Rüdő				
			Cél- vagy határérték	0.3	4/10	BL55	Bourbon	70%	Kókusz	40%	XL		Nestlé					
			Cél elérés nehézség (1: könnyű, 10: nagyon nehéz)	5	8	1	1	1	1	1	5	0	5					
			Cégünk															
			Versenytárs 1															
			Versenytárs 2															
			Versenytárs 3															

50. ábra. A 3. Minőség háza a csokoládé chips gyártáshoz

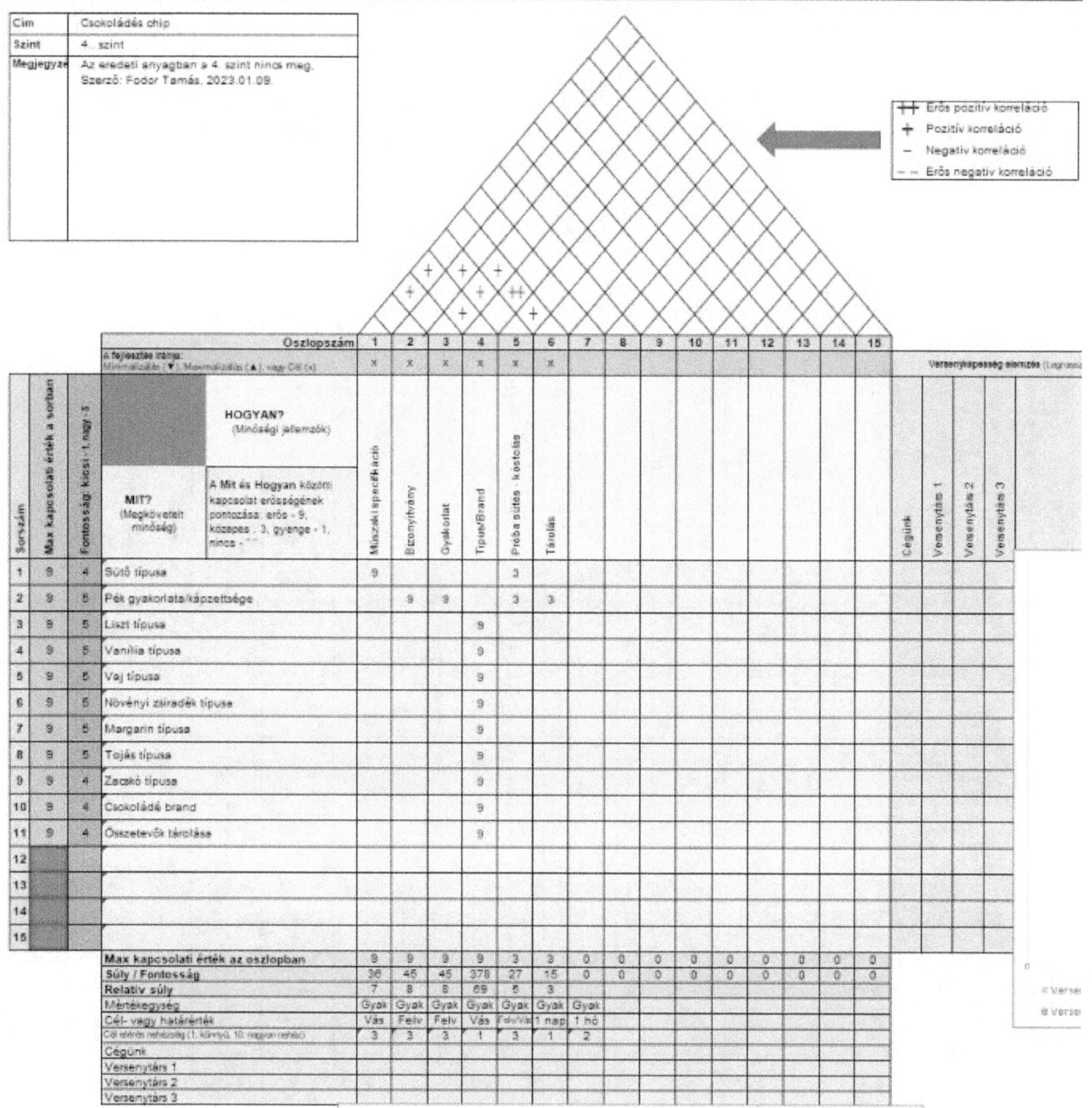

51. ábra. A 4. Minőség háza a csokoládé chips gyártáshoz

Pénzügy, kontrolling

Egy kft a működéshez nem feltétlenül szükséges 5 millió Ft pénzügyi forrását három részvényebe fektette. Az elsőnek 6 %, a másodiknak 7 %, a harmadiknak 8% volt a hozama. Az elmúlt évben a részvények összes hozama 358 ezer Ft volt. A könyvelésből nem derült ki, hogy konkrétan mennyi volt az első és második részvénybe történt pénzügyi befektetés, amit a könyvvizsgáló kifogásolt. Ezért a könyvelésnek ezt rendbe kellett tennie. Csak annyit tudtak, hogy az első két befektetés hozama 70 ezer Ft-tal több volt, mint a harmadiké. A háromismeretlenes egyenletrendszer megoldását mátrix számítással (Gauss-Jordan elimináció) végezték el. a következők voltak:

$x+y+z=5\ 000$

$0,06x+0,07y+0,08z=358$

$0,06x+0,07y-0,08z=70$

A megoldáshoz szükséges mátrixok a következők:

1	1	1	5000
0,06	0,07	0,08	358
0,06	0,07	-0,08	70

Az elsősor elemeit 0,06-tal szorozzuk:

0,06	0,06	0,06	300
0,06	0,07	0,08	358
0,06	0,07	-0,08	70

A második sor elemeinek értékeiből vonjuk ki az első sor elemeinek értékét:

0,06	0,06	0,06	300
0	0,01	0,02	58
0,06	0,07	-0,08	70

A harmadik sor elemeinek értékeiből vonjuk ki az első sor elemeinek értékét és állítsuk vissza az 1 sor értékeit a kiindulási értékekre:

1	1	1	5000
0	0,01	0,02	58
0	0,01	-0,14	-230

A második sor elemeinek értékét osszuk el 0,01-gyel:

1	1	1	5000
0	1	2	5800
0	0,01	-0,14	-230

Az első sor elemeinek értékéből vonjuk ki a második sor elemeinek értékeit:

1	0	-1	-800
0	1	2	5800
0	0,01	-0,14	-230

A második sor eleminek értékét szorozzuk 0,01-gyel:

1	0	-1	-800
0	0,01	0,02	58
0	0,01	-0,14	-230

A harmadik sorból vonjuk ki a második sort és a 2. sort állítsuk vissza:

1	0	-1	-800
0	1	2	5800
0	0	-0,16	-288

A harmadik sor elemeinek értékét osszuk el 0,16-tal, majd szorozzuk be -1-gyel.

1	0	-1	-800
0	1	2	5800
0	0	-1	-1800

A 3. sor elemeinek értékét ki kell vonni az első sor elemeinek értékéből:

1 0 0   1000

0 1 2   5800

0 0 -1 -1800

Ebből a mátrixból már megoldható a háromismeretlenes egyenlet, hiszen x=1000 és z=1800. Az y értéke tehát 2200. [25]

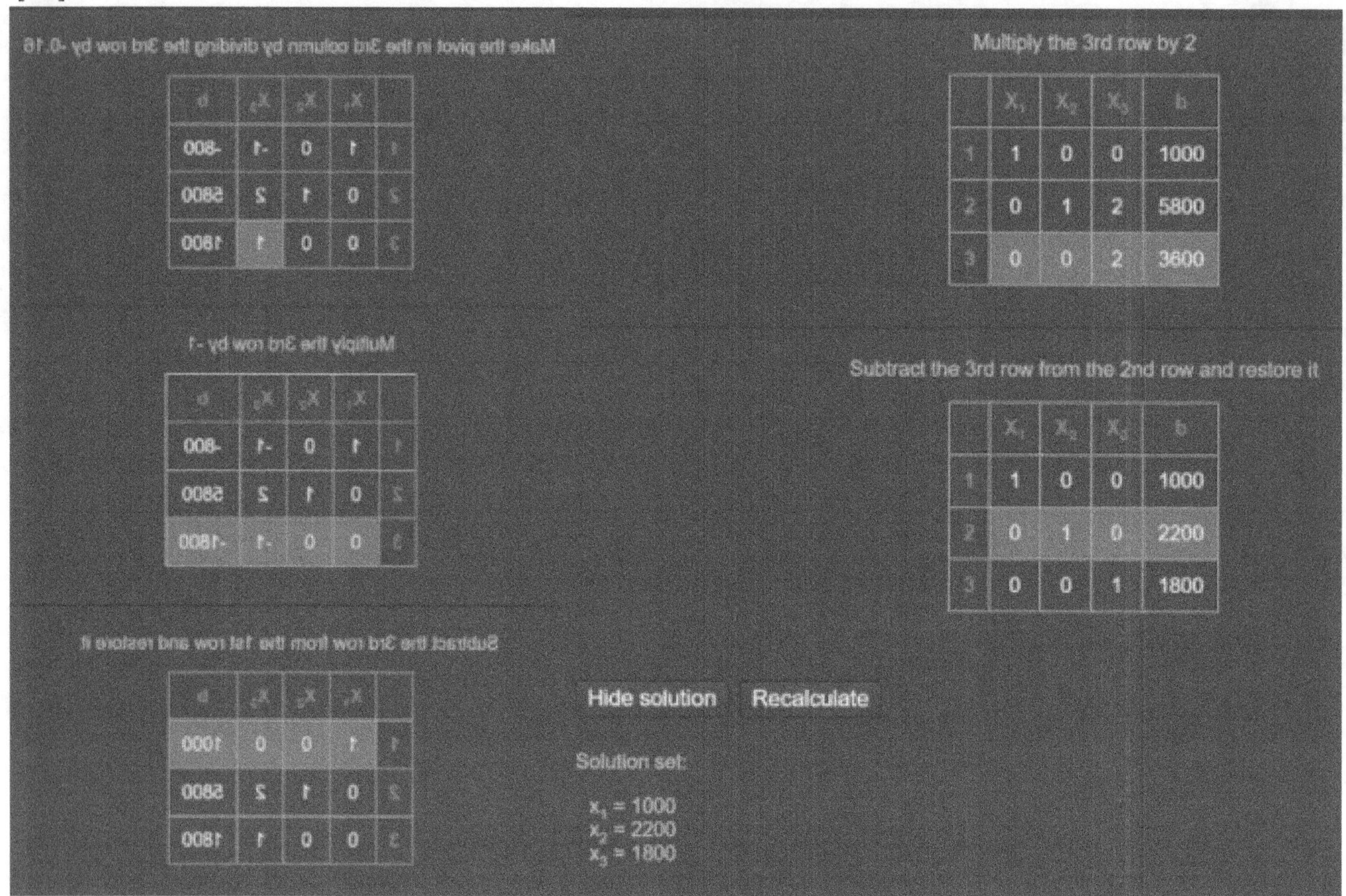

52. ábra. Gauss-Jordan elimináció utolsó mátrixai a Matrix Reshish oldalon [26]

1.sz melléklet. Az üzleti folyamatokról röviden

Tervezési folyamat

A vállalat ezen folyamata tűzi ki azokat a célokat, amelyeket a cég el akar érni, és amelyek biztosítják a vezetés ellenőrzési folyamatának (a rendszer visszacsatolási) funkciójához az összehasonlítási alapot. Tartalmilag azt jelenti, hogy a vállalat rendelkezik-e vízióval, stratégiával, valamint különböző időtávú tervekkel, minőségileg pedig azt, hogy e tervek milyen mélységűek, milyen részletesek, milyen ambiciózusak és mennyire összehangoltak (koherensek). A jövőkép arról szól, hogy mivé akar válni a cég, a szervezet hosszú távon. Megvalósításának hogyanjáról szól a stratégia. A stratégia konkrét céljait a stratégiai terv és a középtávú tervek szolgálják. A tervek a szervezet különböző területeire készülhetnek (az egész vállalat, egyes szervezetek, termékfejlesztés, beruházás, létszám stb.). Ezek közül különös fontossággal bír az üzleti terv, ennek is a pénzügyi tervfejezete. Ide tartoznak a projekt tervek, amelyeknek a legfontosabb jellemzője, hogy azonos tartalommal nem ismétlődnek meg. Üzleti tervet minden évben csinál egy cég. Tartalma, a megvalósítás módja általában évről-évre ismétlődik. Egy tervező cég viszont egy konkrét gép, épület, híd stb. megtervezésére kap megrendelést, amit valószínű ugyanolyan formában és tartalommal csak egyszer fog megcsinálni. Ez egy projekt.

A tervek rendszere egy piramisként képzelhető el, amelynek csúcsán helyezkedik el a jövőkép, és amelyből vezethető le a többi. A piramis alján az középtávú, éves vagy akár a havi tervek vannak.

Termék és szolgáltatás előállítása

Ez a folyamat négy részfolyamatból áll. Először a terméket vagy szolgáltatást ki kell fejleszteni. Ez általában több fázisból álló folyamat, melynek során a vevői igényekből kiindulva, ötletekből, prototípusokból, kísérleti üzemből gyártható termék vagy fogyasztható szolgáltatás lesz. A kifejlesztett terméket sok példányban, azonos minőségben le kell gyártani. Ez a második részfolyamat. A szolgáltatás a harmadik, amely kapcsolódhat a gyártáshoz, vagy teljesen független attól. A szolgáltatás, a harmadik ágazat egyre nagyobb szeletet hasított ki a gazdaságból, napjainkban a legnagyobbá vált. Végül a terméket és a szolgáltatást el kell adni. Ezt a marketing és az értékesítés részfolyamata támogatja. A marketing időben megelőzi az értékesítést, úgy befolyásolja a piacot, hogy a vállalat termékei és/vagy szolgáltatásai elnyerjék a vevők tetszését és vásárlásra motiválja őket.

Humánerőforrás-menedzsment

A humánerőforrás a legfontosabb, ugyanis munkatársak nélkül nem képzelhető el egy szervezet, egy vállalat. A munkatársak felkészültsége, gyakorlata és kompetenciája döntően határozza meg egy szervezet, cég sikerességét, eredményességét. Ezért a humánerőforrás-menedzsment, mint folyamat, központi helyet foglal el.

Ezért már a munkatársak felvétele is fontos, alkalmazásuk esetén pedig teljesítményük értékelésén keresztül állandó fejlődésük, továbbképzésük kerül előtérbe.

De hiába vannak nagyon felkészült és tapasztalt munkatársaink, ha nem tudjuk motiválni őket. De melyik a leghatékonyabb motiválási módszer? A múló, anyagi ösztönzőkön kívül az erkölcsi, a szociális, az önmegvalósító ösztönzők, mint pl. nyilvános elismerés, érdekes feladatok, a segítőkész közösség, a bevonás (a munkatársak bevonása a célok meghatározásába) és felhatalmazás (az érdekes feladatok önálló végrehajtására) lehet megoldás.

A munkatársakkal való kommunikáció is nagyon fontos része ennek a folyamatnak. Indokolt az összes lehetséges információs csatornát működtetni annak érdekében, hogy a munkatársak mindig naprakész információval rendelkezzenek a cégről és azokról az adatokról, amelyek munkájuk elvégzéséhez szükségesek.

Belső erőforrás-menedzsment

Ezek az erőforrások a vállalat tárgyi és szellemi eszközeit (ingatlan, gépek, gépkocsik, hardver, szoftver, IT rendszer, know-how, licenc.), valamint a pénzügyi erőforrásokat takarják. Minőségük pedig azt jelenti, hogy az erőforrások milyen korszerűek, mennyire hatékonyak, mennyi energiát fogyasztanak stb., és milyen hatékonyan járulnak hozzá a szervezet eredményes működéséhez. Az erőforrások mennyisége is döntően befolyásolja a cég sikeres működését. Egy termelő vállalatnál alapvető követelmény, hogy a termelésben működő gépek kapacitása elegendő legyen egy periódusban (hónap, év) legyártandó termék mennyiségéhez. A pénzügyi erőforrások megléte szintén alapvető, mivel a kapacitások fejlesztéséhez (ember, gép) vagy a termeléshez szükséges anyagok és alkatrészek megvásárlásához pénzre van szükség.

Az eszközök nélkül persze működhet egy vállalat (képzeljünk el egy tanácsadó céget), azonban ma már nehéz elképzelni, hogy az adminisztrációs és egyéb papírmunkát pl. számítógép nélkül végzik, vagy tömegközlekedési eszközökkel látogatják az ügyfeleket. Pénz nélkül azonban még egy önálló tanácsadó munkája sem képzelhető el.

A belső erőforrások menedzsmentje a fentiek beszerzését, létrehozását, működtetését, a fentiekkel való észszerű gazdálkodást jelenti és három részfolyamatból áll: pénzügyi, eszköz- valamint tudás- és információ-menedzsmentből.

Külső erőforrások (partnerkapcsolatok) menedzselése

A vállalatok, szervezetek sok-sok partnerrel állnak kapcsolatban. A legfontosabbak a beszállítók, az alvállalkozók és a bankok, de ide tartoznak a médiák vagy az oktatási intézmények is például. A partnerek külső erőforrásoknak is tekinthetők.

A társadalom is felhasználója a cég eredményeinek. A cég nyeresége a költségvetés bevételeit gyarapítja. Első gondolatként az merül fel, hogy ezen nincs mit menedzselni, be kell fizetni és kész. A helyzet nem ilyen egyszerű! Mi van, ha nem tudunk fizetni? Ebben az esetben lehet hallgatni és várni, de az adóhatósággal célszerű felvenni a kapcsolatot és megállapodást lehet kötni.

Ha a vállalat elkötelezett a társadalom irányában, akkor támogathatunk szervezeteket, iskolákat, egyesületeket stb. Ez már átgondolt, célirányos tevékenység kell, hogy legyen és valamilyen folyamaton keresztül valósul meg.

A partnerekkel kialakított kapcsolatok jelentősen befolyásolhatják a cég működését, ezért menedzselésük nagyon fontos.

Vevőkapcsolatok menedzselése

Ezek közül a legfontosabbak a vevők és az ügyfelek. Velük nem csak az eladásokon keresztül tartjuk a kapcsolatot. Nagyon fontos megtudnunk a vevők termékekről, szolgáltatásokról alkotott véleményét, és ezekkel kapcsolatos látens vagy tényleges igényeiket és az un. vevői értéket (amiért hajlandó fizetni). Ezek alapján különböző fejlesztéseket indíthatunk. Az sem mellékes, hogy vevőink milyen vásárlási szándékkal rendelkeznek a jövő vonatkozásában. Ezek befolyásolhatják terveinket. Nagyon jó kapcsolat esetén lehetnek közös fejlesztéseink is a vevővel. A vevőkapcsolatok menedzselése ezeket öleli fel.

[22]

2. sz. melléklet. A folyamatok teljesítmény- és eredménymutatóiról

David Parmenter a folyamatok muatószámait (indikátorait) két csoportba osztja. Az egyik a teljesítménymutatók (PI – performance indicator) másik az eredmény indikátorok (RI – result indicator). A teljesítménymutatók hozzárendelhetők egy konkrét teamhez, vagy személyhez, azaz felelősük van, Az eredménymutatók több team tevékenységének összegzett eredményét mutatják.

Az én megközelítésem folyamatközpontú: nálam a PI-k konkrét folyamatok mutatói és alkalmasak a folyamatok működésének azonnali javítására, Például, ha az időben történő szállítás mutatója gyenge, az a szállítási folyamat felelősének azonnali intézkedését kívánja meg. Egy call-center esetén feladási aránynak hívják azoknak az arányát, akik az összes híváshoz viszonyítva egy bizonyos idő után feladják a várakozást és hívásukat megszakítják. Az elfogadható arány max. 8%, e felett azonnali beavatkozásra van szükség, például több call-center munkatárs beállítására.

A kulcs-teljesítménymutatók (KPI) azok a PI-k, amelyek a szervezet jelenére és jövőjére kritikus hatással bíró folyamatok teljesítményét mutatják: a napi működéshez vagy a stratégiai feladatok teljesítéséhez kapcsolódhatnak. Ezeknek hét jellemzője van:

- általában nem fejezhetők ki pénzben,

- felelőse egy folyamatot működtető team vezetője, egy folyamatgazda, vagy egy munkatárs,

- gyakran mért (folyamatosan, naponta, hetente),

- a felső vezetés fókuszában van,

- egyszerű (mindenki érti és tudja, hogy milyen javító intézkedéseket kell tenni),

- jelentős befolyása van a szervezet sikeres működésére, korlátozza a nem megfelelő, diszfunkcionális viselkedést.

Ezzel szemben az RI-k több folyamat összetett mutatói. Az is elmondható, hogy az RI-k sokszor pénzügyi vagy pénzértékben kifejezett mutatók, valamint az, hogy ezek összetett mutatók, a munkatársak nem tudják hogyan javítható, és nem alkalmasak gyors beavatkozásra, illetve, hogy gyorsan javuljanak a beavatkozás után. Ilyen eredménymutató pl. a cég árbevétele egy adott periódusra. Ez egy pénzügyi mutató és sok tényezőre, illetve folyamatra visszavezethető: recesszióra, konkurencia térnyerésére, értékesítőink elégtelen munkájára, a termelés elmaradására, az árképzésre, a marketing elégtelenségére stb. Egy hasonló pénzügyi mutató a vállalati kötelezettségek összértéke, a mely több részkötelezettségből adódik össze: szállítók felé, bankok felé, munkavállalók felé stb. Ennek megfelelően több folyamatot érint. Nem pénzügyi eredménymutató a vevői- és munkatársi elégedettség mértéke, amely több tényezőből áll. Egy kórház esetén például ide tartozik a kezelt betegek száma egy adott periódusra, hiszen ez az érték magában foglalja az egyes szakterületek ambuláns és ágyban kezelt betegeit, sok részfolyamaton keresztül.

A kulcs-eredménymutatók (KRI) azok az RI-k, amelyek a vállalatra vonatkoznak, és azt mutatják, hogy a vállalat a kijelölt, tervezett úton, megfelelő sebességgel halad-e. Kisvállalatoknál ezeket (számuk ne legyen 10-nél több) a tulajdonosok, az igazgatóság (ha van ilyen) a felügyelő bizottságok és az ügyvezető használja, a havi, negyedéves, éves beszámolókban (ez a mérések gyakoriságát is jelenti), trendet bemutató grafikonok, műszerfalak formájában jelennek meg. Ilyenek például a vállalat éves beszámolóiban számolt mutatószámok.

A könyvben használt marketing teljesítmény-mutatószámok rövid ismertetése

Kampány árbevétele

Azt mutatja, hogy egy kampány mennyi árbevételt hozott.

Érdeklődő szerzés költsége (Cost per Lad–CPL)

Nem mindegy, hogy egy érdeklődő (egy jövőbeni vevő) megszerzése mennyibe kerül.

A CPL az új érdeklődők megszerzésére fordított költség és az újérdeklődők számának hányadosa.

A/B split (Split Run)

Két különbözően elkészített kampányelem (amely lehet szöveg, kép, hírlevél stb.) hatékonyságának egyidejű, azonos mintavételű vizsgálata. Például a hírlevél listánk fele részének küldjük az A változatú szöveget, majd ugyanennyi személynek a B szövegváltozatot, így az A/B split teszttel mérhetjük, melyik hatékonyabb (melyik konvertál jobban).

Átkattintási arány (CTR–Click Through Rate)

Arányszám, amely megmutatja, hogy a megtekintést követően milyen gyakran kattintanak a hirdetésére. A CTR a hirdetésre leadott kattintások száma, elosztva a hirdetés megjelenéseinek számával, százalékban kifejezve. A CTR segítségével mérhetik fel, hogy milyen jó a honlapunk ergonómiája, milyen jól teljesít a kereső optimalizálás és a hirdetés. Az online marketing nélkülözhetetlen kulcsmutatója.

Weboldal látogatottság

Egy adott időszak alatt hányan látogatták meg az oldalt. Nemcsak a kereső optimalizálás jóságát és a hirdetések hatékonyságát, hanem a honlap ergonómiájának megfelelősségét, tartalmának érdekességét is mutatja ez a **KPI.**

Visszafordulási arány (Bounce Rate)

Az egyoldalas munkamenetek százalékos aránya (azaz olyan munkamenetek, amelyekben a személy a belépési oldalról hagyta el az oldalt anélkül, hogy műveletet végzett volna az oldallal). A túl magas érték arra utal, hogy baj van az oldal ergonómiájával vagy tartalmával. A weblapfejlesztés fontos **kulcsmutatója**.

Konverziós arány (CR–Conversion Rate)

A látogatók érdeklődő vagy potenciális vásárlóvá válásának arányát mutató **KPI.**

A Konverziós arány az elért célok (érdeklődő vagy potenciális vásárlóvá válók) aránya a látogatókhoz viszonyítva. (Minél nagyobb annál jobb.)

Az alábbiakban egy példát mutatok be egy marketingfolyamat hatékonyság javításra.

Online vevői elkötelezettségi szint (Customer Online Engagement Level)

Egy vevő a vállalathoz, a brandhez való elkötelezettségi szintjét méri elsődlegesen az online interakciókon keresztül. Mennyiségi mérés lehet pl. a látogatások hossza, gyakorisága, mélysége, az átkattintások aránya, vásárlások, letöltések, kommentek stb. Minőségi adatok is nyerhetők a weblap tartalmi nézettségén, a blogok vagy fórumok látogatottságán keresztül.

A mérésnek csatorna-specifikusnak kell lennie. Egy olyan weblap vagy egy webshop esetében, ahol az oldalankénti átlagos idő, az átlagosan megtekintett oldalszám és a visszatérő felhasználók százalékos arányának növekedése a felhasználók elkötelezettségének pozitív jelei. A közösségi oldalakon az interakciók teljes száma egy jó mérőszám az elkötelezettség méréséhez, azaz a válaszok, like-ok és említések a Twitteren; a like-ok, megosztások, kommentek és címkéket a Facebookon és a LinkedIn-en.

Működési és pénzügyi nézőpont eredménymutatói

Árbevétel, adózás utáni nyereség és azok változása

Az adózott eredmény több folyamat (értékesítés, szervezetek és folyamatok költséggazdálkodása) eredményeként jön létre. Ez **egy kulcs-eredménymutató**. Minél nagyobb, annál gyorsabban térül meg a befektetés. Előrejelzési mutató is.

Bruttó fedezet (Gross profit margin)

E kulcs-eredménymutató alakulását legalább három folyamat befolyásolja. Ezek az értékesítés, a beszerzés és a gyártás. Nem csak a vállalatra, hanem annak egy üzletágára, termékére is számolható. Előrejelzésre is használják.

Bruttó fedezet = (Eladások bevétele–Eladások költsége)/Eladások bev

EBITDA

Az EBITDA az Earnings Before Interest, Taxes, Depreciation and Amortization rövidítése, jelentése: kamatok, adózás és értékcsökkenési leírás előtti eredmény, amely a vállalat tényleges üzleti eredményességét tükrözi, mivel független a tőkeszerkezettől; az adótól (ami évről-évre változhat) és a múlt beruházásaitól (amortizáció): **Kulcs-eredménymutató**, melynek alakulását szinte a szervezet valamennyi folyamata befolyásolja. Gyakran használják cégértékeléshez.

EBITDA = Adózott eredmény+Kamatok+adók+értékcsökkenési leírás

Megmutatja a tulajdonosok által befektetett tőke megtérülését.

Termelékenység (tény output/tény input)

Ez a **kulcsmutató** azt mutatja meg, hogy egységnyi élőmunka ráfordítással (emberóra, emberév) mekkora értéket termel egy szervezet. Előrejelzésre is alkalmazzák. A mutató alakulását befolyásoló üzleti folyamatok: gyártási folyamat, eszközmenedzsment, HEM, külső erőforrás-menedzsment. Mértékegysége pl. millió Ft/ember/év vagy óra.

Befektetés megtérülés (Return on Investment–ROI)

Ez a népszerű **kulcs-eredménymutató**, arra válaszol, hogy a befektetés nyeresége hogyan aránylik a befektetés költségéhez képest. A mutató alakulását befolyásoló folyamatok: tervezés, fejlesztés, beszerzés, finanszírozás, működtetés.

ROI = (Befektetés nyeresége–Befektetés költsége)/Befektetés költsége
Befektetés nyereség = adózott nyereség+amortizáció

Minél nagyobb, annál hamarabb térül meg a befektetés. A számviteli adatok alapján számolható.

Az árbevételen belül az átlagos bér-, fix, arányos, összes költség aránya

Valamennyi szervezet költséggazdálkodása befolyásolja a mutatót.

Vevői nézőpont eredménymutatói

Közösségi hálózati nyom (Social Networking Footprint)

Speciális, erre a célra fejlesztett, online eszközzel gyűjtött adatok, amelyek azt mérik, hogy a fogyasztók hogyan lépnek kapcsolatba a branddel vagy vállalattal a közösségi oldalakon: tulajdonképen a like-ok, követők, tagok összesített száma. A vállat fő folyamatai, szervezetei, a közösségi oldalon megjelentetett információkon keresztül hatással vannak a mutatóra.

Online szavazat részesedés (Online Share of Voice–OSOV)

Méri a vállalat vagy termék online említéseinek relatív számát a versenytársakéhoz viszonyítva (különösen a közösségi médiumok fórumain). Gyakran DSOV-nak (Digital Share of Voice) vagy egyszerűen SOV-nak rövidítik. Mivel egy vállalatról, annak termékéről alkotott véleményt a vállalat valamennyi fő folyamata befolyásolja, ezért eredménymutató.

OSOV = A brand (vállalat, termék) említésének (weboldalai, vagy becsült kattintásainak) száma hogyan aránylik a brand és a versenytársak (termékei) említési-, weboldalai, vagy becsült kattintásainak számához.

Brand tőke (Brand Equity)

Egy vállalat termékéhez vagy szolgáltatásához a brand által hozzáadott értéket fejezi ki. A brand tőke prémium árat vagy nagyobb vevő lojalitást eredményezhet. Értéke negatív is lehet. A brand tőke értékét a szervezet valamennyi fő folyamata, szervezetei befolyásolják.

A márkaérték az ugyanazon termékhez hozzáadott értéket jelenti egy adott márka alatt. Ez egy terméket előnyben részesít másokkal szemben. Ez a márkaérték, ami a márkát kiválóbbá vagy rosszabbá teszi, mint a másikat.

Vállalati hírnév

A vállalat hírnevét a vevők és/vagy a nyilvánosság szemében mutató indikátor: a közösségek, az ügyfelek, az alkalmazottak, a partnerek és a szabályozók közös meggyőződése vagy véleménye. Sok tényezője van. Ilyen pl. a vevő vagy fogyasztó véleménye a minőségről, kiszolgálásról. Továbbá a cégkultúra, a cég pénzügyi helyzete, a cég kockázat menedzsmentje, a fenntarthatóság stb. Kérdőívek alapján mérhető.

Vevő megtartási ráta (Customer Retention Rate – CRR)

Ez a kulcs-eredménymutató a vevő lojalitás vagy annak a mutatója, hogy a vállalat mennyire tudja megtartani a vevőit. A mutatót befolyásoló fő folyamatok: tervezés, gyártás, szolgáltatás, marketing, értékesítés, vevőkapcsolatok menedzsmentje.

CRR=100×(Üv–U)/Ük
Üv = az összes ügyfél a periódus végén
Üu = az új ügyfelek száma
Ük = az összes régi ügyfél száma egy adott periódus kezdetén

Látható, hogy ha a periódus elején és végén a régi vevők száma azonos, akkor a mutató értéke 1.

Brand meggyőzőképességi pontszám

Azon vevők százaléka, akik azt mondják, hogy a márka erőssége lényeges szempont volt a vásárlási döntésnél.

Vevő nyereségesség (Customer Profitability)

Egy olyan indikátor, amely megmutatja, hogy egy konkrét vevő mennyi nyereséget generál a vállalatnak. (Lehet abszolút érték vagy a vevőtől származó árbevétel százaléka.) Függ az ártól, a költségektől, így a fejlesztési, gyártási, értékesítési folyamatoktól.

Átlagos vevői hűség (Average Customer Loyalty–ACL)

A vevőmegtartási ráta egy olyan **kulcs-eredménymutató**, amelynek ismeretében megbecsülhető az is, hogy átlagosan mennyi ideig vásárol a cégnél az ügyfél. A fő folyamatok többsége befolyásolja a mutató alakulását.

ACL=1/(1−CRR)

Vevő élettartam érték (Customer Lifetime Value–CLV)

Egy olyan **kulcs-eredménymutató**, amely kifejezi egy vevő által adott pénzügyi értéket a vevőkapcsolat teljes élettartama alatt. A CLV kiszámítása a különböző ügyfelek számára számos módon segít az üzleti döntéshozatalban. A CLV ismerete segítségével többek között meghatározható, hogy mennyit tud költeni egy hasonló ügyfél megszerzésére úgy, hogy a kapcsolat nyereséges maradjon, milyen termékeket vásárolnak a legmagasabb CLV-vel, kik a legjövedelmezőbb ügyfelek? Természetesen a vállalati fő folyamatok mindegyike befolyásolja a mutató alakulását,

Egy egyszerű kalkuláció a következő:

CLV = É×N×H

É = a vásárlások átlagos értéke.

N = egy ügyfél vásárlásainak várható száma egy évben

H = a vevőkapcsolat átlagos hossza években

A nyereséghányad ismeretében a vásárló által generált nyereség is meghatározható.

Vevő forgás arány (Customer Turnover Rate)

Ez a **kulcs-eredménymutató** a vevő lojalitását méri az elvesztett vevők, az összes megszerzett vevőkhöz mért arányán keresztül. A vevő lojalitása sok tényező függvénye, így a vállalati kulcsfolyamatok hatása alatt áll.

Vevőforgás = Az egy perióduson keresztül elvesztett vevők aránya az összes megszerzett vevőhöz a periódus végén

Vevői elégedettség

Kérdőíves vagy telefonos felmérés, amely több kérdésen keresztül méri a vevő, ügyfél elégedettségét a termékkel, a szervízzel, a munkatársak szakértelmével, viselkedésével stb. kapcsolatban.

Piaci részesedés (Market Share) mutatószámai

Ezek a következők lehetnek: a vállalat piaci részesedése a teljes piachoz képest, a vállalat piaci részesedése a legnagyobb versenytárs piaci részesedéséhez képest (relatív piaci részesedés), piaci részesedés növekedési ráta (Market Growth Rate), amely azt mutatja meg, hogy az előző évi piaci értékesítéshez képest milyen arányban növekedett (csökkent) a piaci eladás a tárgyévben. E mutatót a vállalat fő folyamatai befolyásolják: a fejlesztés, a gyártás vagy szolgáltatás, a marketing, az értékesítés, a vevőmenedzsment.

[22]

3.sz. melléklet. Fa diagram

A Fa diagram egy téma (cél elérésének módszerei, eszközei; egy működés funkciói (pl. mobil telefon menü rendszere; logikai kapcsolatok) részeinek, összetevőinek fa struktúrájú bemutatására szolgáló szellemi alkotó eszköz, amely egyénileg és csoportosan, pl. a KJ-Shiba módszerrel alkalmazható.

Alkalmazás

- Amikor egy cél elérése érdekében terveket, feladatokat akarunk logikus lépésekre bontani.
- Amikor egy folyamatot szeretnénk részletesen elemezni.
- Amikor egy probléma okait akarjuk feltárni.
- Amikor egy affinitás diagram vagy kapcsolati diagram feltárta a legfontosabb kérdéseket, és azokat tovább kívánjuk bontani.
- Amikor hogyan, miért kérdéseket teszünk fel, pl.. Miért veszítettük el a piaci részesedésünk 5%-át? Hogyan kezeljük piaci részesedésünk csökkenését? Miér65%-os csupán a vevői elégedettség mutatónk? Hogyan növeljük vevőink elégedettségét?
- Magyarázó eszközként is használhatjuk.

Módszer

1. Fogalmazzuk meg a témát, amelyet összetevőire szeretnénk bontani. Példánkban legyen a következő: „Nagy értékű hajtóművek eladásának növelése".

2. Attól függően, hogy milyen típusú Fa diagramot készítünk, a következő kérdésekre kereshetjük a válaszokat: hogyan érhetjük el a célt, milyen módszerekkel érhetjük el a célt, milyen eszközöket használhatunk a cél elérésére, milyen összetevői vannak a témának, mi okozza a témát stb.? Példánkban a hogyan kérdésre keressük a választ. A kérdés a következő lehet: Hogyan növelhetjük a nagy értékű hajtóművek értékesítését? Ezeket a KJ-Shiba módszernél megismert módon válaszolhatjuk meg. Ezt most nem mutatom be részletesen. Az ábrán látható, hogy három módszert találtunk. Ezek: a proporcionális költségek csökkentése (kedvezőbb ár), fedezet csökkentése (kedvezőbb ár) és az értékesítési munka javítása.

3. A 2. pontban megtalált válaszokat most céloknak tekintjük, és újra feltesszük a kérdést, hogy ezeket hogyan érhetjük el. A példánkon látható, hogy 3x2 választ kaptunk.

4. Addig ismételjük az előbbi lépést, amíg tudjuk. A példánkban még egy szinttel tovább növeljük a fa mélységét.

5. Ha feladatokról van szó (mint a példánkban), érdemes pontozással eldönteni, hogy mely feladatokkal foglalkozzunk először, melyeknek legyen prioritása, mivel az erőforrások általában korlátozottak. Példánkban két szempont szerint pontoztunk: a feladat végrehajtásának milyen az eredményessége (azaz mennyivel járul hozzá a kiinduló cél eléréséhez és mekkora erőforrás ráfordítást igényel (minél kevesebbet, annál jobb). Ha csoportmunkában csináljuk, lehet mindenkinek, minden szempontra, egy 1-es, egy 2-es és egy 3-as pontszáma. Ezeket kell kiosztani a lehetséges feladatok között, mindkét szempontra. Példánkban 5 személy pontozott. A legmagasabb pontszámot kapott feladatoknak kell prioritást adni! Ezt egy mátrix adatelemzési diagramban is ábrázolhatjuk (pl. 22. ábra).

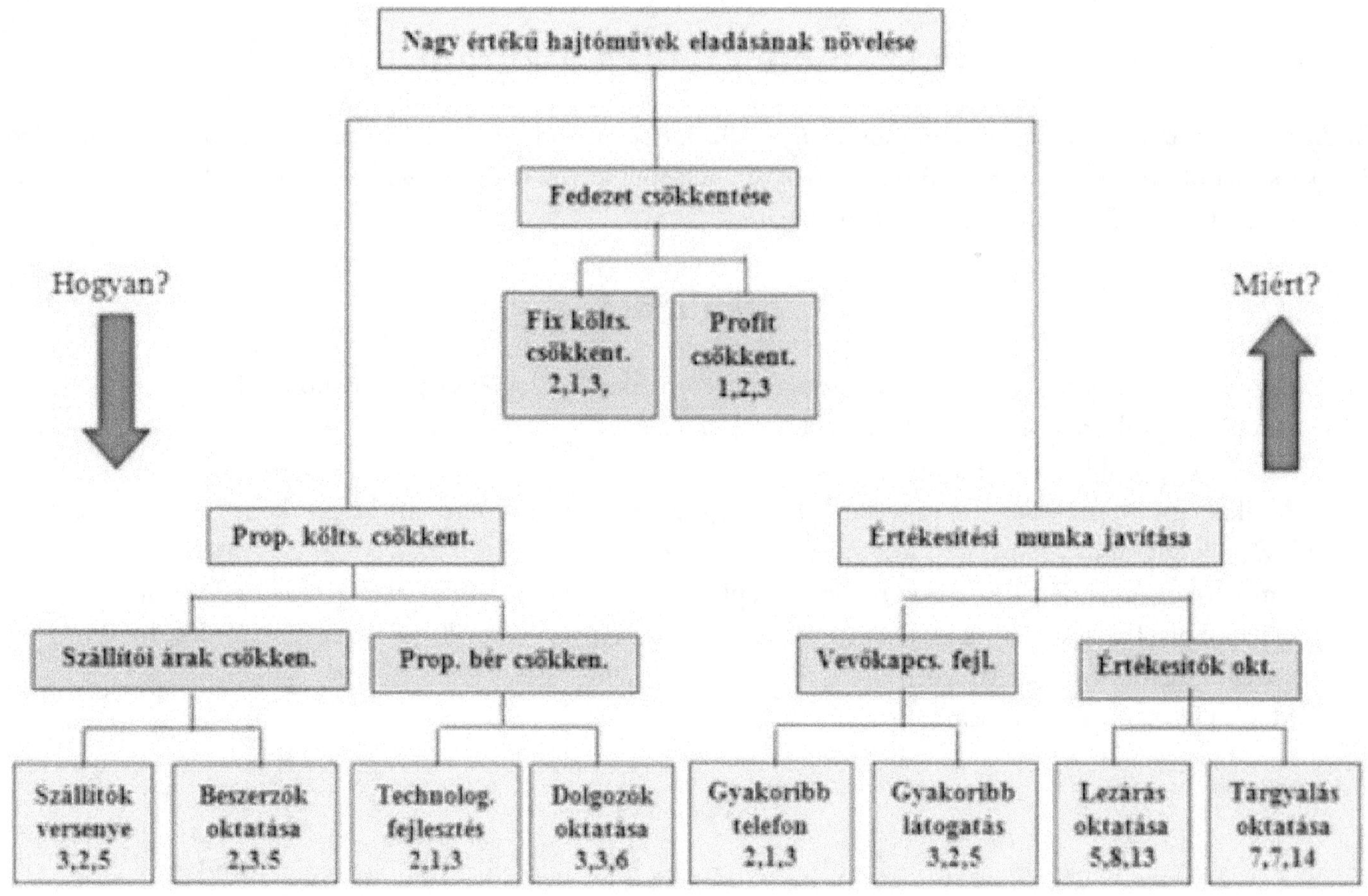

53. ábra. Fa diagram (pontszámok sorrendje: eredményesség, erőforrás igény, összesen)

Felhasznált irodalom: [7, 23]

Mozaik szavak magyarázatai

Az alábbiakban a könyvben előforduló mozaik szavak (betűszavak, szóösszevonások) és a legfontosabb kifejezések rövid magyarázatát adom meg.

ÁMR

Az Átfogó minőségvezetési rendszer rövidítése. Az 1980-as évek végén az Ipari Minisztérium által felkarolt és támogatott vezetési elméletet és gyakorlatot a hazai vállalatoknál Dr. Shoji Shiba japán professzor és magyar tanítványai segítségével kezdték alkalmazni. Filozófiája és gyakorlata azonos a TQM-ével.

Deming Díj

A Deming-díj a világ leghosszabb ideje fennálló és az egyik legmagasabb díj[1] a TQM (Totális minőségmenedzsment) területén.

EFQM modell

Egy szervezet irányítási modell, amely a szervezet adottságainak (vezetés, munkatársak, stratégia/politika, partnerkapcsolatok és folyamatok fejlesztésén keresztül folyamatosan javítja, illetve fenntartja a szervezet eredményeit az ügyfelek/vevők, a munkatársak, a társadalom és a kulcs-teljesítménymutatók vonatkozásában. A modell alapú működés a részvétel feltétele a hazai Nemzeti Minőségi Díj és az Európai Minőségi Díj versenyen. A modellt az EFQM, az European Foundation of Quality Management (Európai Minőségirányítási Alapítvány) dolgozta ki.

FMEA

Az FMEA (Failure Mode and Effects Analysis), egy hibamód- és hatáselemzési módszer, mely segít feltárni a termékben / szolgáltatásban / szervezetben megtestesülő hibalehetőségeket és hibahatásokat, valamint azok értékelésére is alkalmas.

HEM

Humánerőforrás-menedzsment

IIASA-Shiba Díj

1989-ben Japán és az Amerikai Egyesült Államok után világon harmadikként hazánkban hozták létre a TQM alkalmazásában kiváló eredményeket elért szervezetek elismerésére ezt a díjat. IIASA (International Institute for Applied Systems Analysis) egy bécsi, rendszer-elemzéssel foglalkozó intézet.

ISO 9000 sorozat

A minőségmenedzsment követelményeit leíró szabvány sorozat

IT

Információs technológia

JIT

A Just In Time (Éppen időben) egy beszerzési és készletezési filozófia és gyakorlat, amelynek lényege, hogy a gyártás során az egyes műveletekhez szükséges alkatrészek, félkész termékek akkor kerülnek a munkahelyre, amikor szükség van azokra. Ezzel a készletek akár 0-ra csökkenthetők. Egyik megvalósítási formája az un. kanban rendszer.

KPI

Key Performance Indicator (Kulcs teljesítménymutató): a szervezet jelenére és jövőjére kritikus hatással bíró kulcs folyamatok teljesítményét mutatja.

KRI

Key Result Indicator (Kulcs eredménymutató): a vállalatra vonatkozó kiemelt, fontos mutató. Azt mutatja, hogy a vállalat a kijelölt, tervezett úton halad-e.

Lean menedzsment

---

1.   https://en.wikipedia.org/wiki/List_of_national_quality_awards

Egy vállalatirányítási filozófia és gyakorlat, melynek középpontjában a vevő, fogyasztó által megfizetett érték áll: a termelés vagy szolgáltatás folyamatait úgy kell kialakítani, hogy a vevő által nem fizetett tevékenységeket ki kell küszöbölni.

KJ-Shiba módszer

Ez egy Affinitás (hasonlósági) diagram (a 7 új eszköz első módszere) készítő eljárás.

PDCA

A folyamatos fejlesztés (continous improvement, Kaizen, Deming kör) ciklusai. A tevékenységek tervezését (Plan), végrehajtását (Do), ellenőrzését (Check) és végül az ellenőrzés alapján az eltérések, hibák javítására vonatkozó cselekvést jelenti (Act).

ROI

Return Of Investment (A befektetés megtérülése)

TQM

A Total Quality Management (Teljes körű minőségirányítás) egy, az 50-es években Japánból induló, majd az Egyesült Államokon keresztül Európába és hazánkba is eljutott vezetési filozófia és gyakorlat. Legfontosabb alapelve a vevőszemléletre és tényekre alapozott folyamatos fejlesztés. Nagy hangsúlyt fektet a munkatársak bevonására és felhatalmazására.

Six Sigma

A Six Sigma (hat szigma) egy olyan strukturált problémamegoldó és folyamatfejlesztő módszer, mely számos minőségjavító módszert integrál. Célja a kulcs üzleti folyamatokban rejlő hibák számának és azok kimenetét jelentő termékekben, szolgáltatások minőségében az ingadozások minimalizálása. A Six Sigma egy statisztikai mérőszám, amely azt jelenti, hogy 1 millió hibalehetőség esetén a hibák száma 3,4.

Ábra- és táblázatjegyzék

Hivatkozások

[1] Medium.com: The Matrix: A Brief Hitory[1]

[2] matricesgeometry.weebly.com: A Hystory of Matrices

[3] Tenner, Arthur R. - DeToro, Irvin J.: Teljes Körű Minőségmenedzsment; Műszaki Könyvkiadó Budapest, 1997 ISBN 963 16 1283 X

[4] Wewalgo: Origins and History of Lean -from Ford to Lean Start-Up[2]

[5] Womack, J. P., Jones, D. T.: Lean thinking – Banish waste and create wealth in your corporation; Simon&Schuster UK Ltd, 2003

[6] SketchBuble: Tqm vs. Lean[3]

[7] The Seven Management and Planning Tools, ASQ Quality Press, Kindle Edition, ISBN-13: 978-0-87389-818-8, 2011

[8] Annual Conference on Industrial and System Engineering (ACISE) 2019: Seven Management and Planning Tools in Megaproject Management: A Literature Review

[9] Jiju Antony, Marcelo Machado Fernandes, Mehran Doulatabadi, Michael Sony, Olivia McDermott, Rajesh Ko: The use and application of the 7 new quality control tools in the manufacturing sector: a global study, The TQM Journal, 2023.03.15.

[10] Lucidchart: Matrix Diagrams: What They Are and How to Use Them[4]

[11] Tagu, R Nancy R.: The Quality Toolbox; Second Edition, ASQ Quality Press, 2004

[12] QFD ONLIE: https://qfdonline.com/qfd-tutorials/house-of-quality-qfd-example/[5]

[13] Deák Csaba: QFD[6]

[14] LeanMap: Learn Strategy Development to Realize Your Vision In7 Steps[7]

[15] Industrial Lean News: Hoshin Planing: Seven Step Process[8]

[16] Stephan Ansuini: Matrix Data Analysis Chart (MDAC)[9]

[17] Syque: Matrix Data Analysis Chart (MDAC): Examples[10]

[18] Pinterest.com: Product Family Matrix (PPM)[11]

[19] QI Macsos.com: Voice of the Customer Matrix[12]

[20] nifed-am.com: CRUD mátrix[13]

[21] Shigeru Mizuno: Management For Quality Improvement, The 7 New QC Tools (Produvtivity Press, Portland, Orego, ISBN:0-915299-29-1, 1988.)

---

1. https://bit.ly/3YP2SVr

2. https://www.wevalgo.com/know-how/lean-management/lean-management-history

3. https://bit.ly/46SPEch

4. https://www.lucidchart.com/blog/what-is-a-matrix-chart

5. https://qfdonline.com/qfd-tutorials/house-of-quality-qfd-example/%20

6. http://real.mtak.hu/42474/1/081_094_old_Deak_QFD.pdf

7. https://www.leanmap.com/academy/strategy-deployment/

8. https://www.lean-news.com/hoshin-planning-seven-step-process/

9. https://www.linkedin.com/pulse/matrix-data-analysis-chart-stephen-ansuini/

10. http://www.syque.com/quality_tools/toolbook/MDAC/example.htm

11. https://www.pinterest.com.mx/pin/783626403890340414/

12. https://www.qimacros.com/quality-tools/voice-of-the-customer/

13. http://www.unified-am.com/UAM/UAM/guidances/guidelines/uam_crud-matrix_F56BDB11.html

[22] Fodor Tamás: Üzleti folyamatok fő mutatószámai (Underground Kiadó, 1919.)

[23] Fodor Tamás: Egyre jobban a kis- és középvállalatok üzleti folyamatmenedzsmentjével (Fodor Tamás János, ISBN 978-963-12-7852-1,

1918.)

[24] Applications of Matrices To Business and Economics | PDF | System Of Linear Equations | Matrix (Mathematics) (scribd.com)[14]

[25] Application of Matrices to Business and economics lecture 2 of 2 - YouTube[15]

[26] Matrix Reshish: Matrix Calculator - Reshish[16]

[27] icrostartups.org : How are matrices used in business[17]

---

14.   https://www.scribd.com/doc/19613606/Applications-of-Matrices-to-Business-and-Economics

15.   https://www.youtube.com/watch?v=7mhX8xvl9BE

16.   https://matrix.reshish.com/

17.   https://microstartups.org/how-are-matrices-used-in-business/#understanding-matrices